高校入試対策

英語リスニング練習問題

実践問題集　長崎県版
2025 年春受験用

JN132683

contents

K 教英出版

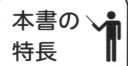

① 基本問題集（別冊）

英語リスニング問題を**7章の出題パターン別**に練習できる問題集です。
長崎県公立高校入試の英語リスニング問題の**出題パターンを重点的に**練習できます。

② 解答集（別冊）

①基本問題集の解答・解説・放送文・日本語訳などを収録。すべての問題の**放送文と日本語訳を見開きページで見る**ことができ，**単語や表現を1つずつ照らし合わせながら復習**ができます。

③ 実践問題集長崎県版（この冊子）

長崎県公立高校入試の**過去問題**（2回分）と，形式が似ている**実践問題**（3回分）を収録。
長崎県公立高校入試の**出題パターンの把握や入試本番に向けての練習**に最適です。

実践問題集 長崎県版 の特長と使い方

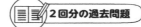 **2回分の過去問題**

過去の長崎県公立高校入試で**実際に出題された**問題です。

 **3回分の実践問題**

長崎県公立高校入試と**出題パターンが似ている**問題です。

 使い方

2ページの**過去の典型的な出題パターンと対策**で出題パターンを把握してから，**過去問題と実践問題**に進んでください。問題を解いた後に**解答例と解説**を見て，**答えにつながる聴き取れなかった部分を聴き直す**と効果的です。別冊の**基本問題集**で**出題パターン別**に練習して，**出題パターンに合った実力**をつけてからこの冊子に進むと，**過去問題と実践問題**をよりスムーズに解くことができます。

🔊 **音声の聴き方**

教英出版ウェブサイトの「**ご購入者様のページ**」に下記の「**書籍ID番号**」を入力して音声を聴いてください。

ID 174042 （有効期限 2025年9月）　　　IDの入力はこちらから→

 購入された個人の方が，ご自身の学習のためにコピーを利用していただくことは可能ですが，それ以外の目的でコピーすることはおやめください。

過去の典型的な出題パターンと対策

▶ 絵・グラフ… 対話や英文を聞き，絵やグラフを選ぶ　⤴ 別冊　第1章

> (Aya): I visited Okinawa for three days last week.
> (Bob): That's nice. It's snowy here today, but how was the weather in Okinawa?
> (Aya): It was rainy on the first day. But on the second day it was cloudy, and on the third day it was sunny at last.
> Question: How was the weather when the girl arrived in Okinawa?

対話を聞いて，質問に合う絵を**ア〜エ**から1つ選び，記号を書きなさい。

ア	イ	ウ	エ
晴 れ	くもり	雨	雪

▶ 対話と質問(複数)… 対話を聞き，複数の質問の答えを選ぶ　⤴ 別冊　第5章

> Miki: Hi, Jim. What will you do this weekend?
> Jim: Hi, Miki. On Saturday, I am going to go to see a popular movie in the new theater in front of the station.
> ↓ この間省略
> Miki: Well, shall I lend you the book? I think you can enjoy watching the movie more if you have some information about the team.
> Jim: Yes, please. The book will be helpful for getting ready to watch the movie. Thank you very much.
> Question 1: What was the thing Miki liked the best about the movie?
> Question 2: What will Jim probably do before he watches the movie?

対話を聞いて，それぞれの質問に合うものを**ア〜エ**から1つ選び，記号を書きなさい。

(1) ア The actor.　　イ The history.　　ウ The story.　　エ The theater.
(2) ア He will listen to the music in the movie with Miki.
　　イ He will read the book which he is going to borrow.
　　ウ He will talk about the story of the movie with Miki.
　　エ He will get ready to write a book about the movie.

▶ 英文と質問(複数)… 英文を聞き，複数の質問の答えを選ぶ　⤴ 別冊　第6章

> Now I'm going to talk about my classes in Japan. We often make groups and learn a lot of things from each other. Talking with the group members is very important for us because we can share different ideas. Here in America, I want to enjoy classes. So I will try to exchange ideas with you in English.
>
> Questions: No. 1 Why does Sakura talk in groups during her classes in Japan?
> 　　　　　　No. 2 What does Sakura want to say in her speech?

英文を聞いて，それぞれの質問に合うものを**ア〜エ**から1つ選び，記号を書きなさい。

No. 1 ア To make groups.
　　　イ To write a letter.
　　　ウ To share different ideas.
　　　エ To see many friends.

No. 2 ア How she learns in her classes.
　　　イ Which university she wants to go to.
　　　ウ When she decided to go to America.
　　　エ Who taught her English in Japan.

対策ポイント

対話や英文と質問の問題では，音声を聞く前に問題を見て，質問される内容や答えるべき内容を予想してから音声を聞こう。音声を聞きながら，答えになりそうな部分をメモしよう。

放送を聞いて、次の各問いに答えなさい。

問1 放送される英文の内容と一致するものを**ア**～**ウ**の中から一つずつ選んで、その記号を書け。

No. 1 　　　　　ア　　　　　　　　　　イ　　　　　　　　　　ウ

No. 2 　　　　　ア　　　　　　　　　　イ　　　　　　　　　　ウ

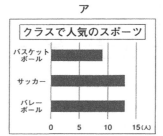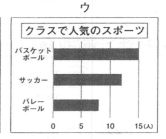

問2 これから読まれる英文は、トム（Tom）と直子（Naoko）の会話である。あとに読まれる No. 1 ～ No. 3 の質問の答えとして最も適当なものを**ア**～**ウ**の中から一つずつ選んで、その記号を書け。

No. 1　　**ア**　Tom's brother.

　　　　イ　Tom's friend.

　　　　ウ　Naoko's mother.

No. 2　　**ア**　To visit her brother.

　　　　イ　To learn its history.

　　　　ウ　To make a castle with snow.

No. 3　　**ア**　Tom's family in Osaka and Naoko's friend in Hokkaido.

　　　　イ　The festival in Osaka and the history of Hokkaido.

　　　　ウ　Tom's holiday in Osaka and Naoko's holiday in Hokkaido.

問3 これから読まれる英文は、みなと（Minato）中学校のイングリッシュデーで最初に ALT（外国語指導助手）の先生が生徒に向けて行った説明である。説明を聞き、No. 1 ～ No. 3 の問いに答えよ。

【問題の流れ】

問題に目を通す時間（30秒）　→　【1回目の放送】　→　【2回目の放送】

No. 1　次の［質問］に対する［答え］となるように、空所に英語1語を書け。

　　　［質問］　Is this the first time for Minato Junior High School to have an English Day？

　　　［答え］　No, this is the（　　　）time.

No.2 次の［質問］に対する［答え］となるように、□□□□に適当な英語を書け。

　　［質問］　What is today's goal?

　　［答え］　It is to □□□□□□□□□□□□□□□□□□□□□□□□□ in English.

No.3　次は、ALT の先生が説明した［今日の活動］の内容を順番に示したものである。①～
　　③に入る適当な絵を下の［選択肢］ア～ウの中から一つずつ選んで、その記号を書け。

［今日の活動］

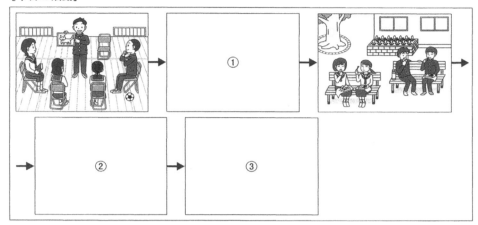

［選択肢］

問1	No. 1		No. 2			
問2	No. 1		No. 2		No. 3	
問3	No. 1	No, this is the（　　　　　　　　）time.				
	No. 2	It is to（ 　　　　　　　　　　　　　　　　）in English.				
	No. 3	①		②		③

放送中にメモをとってもかまいません。

それでは、**問1**について説明します。次の No. 1 には三つの絵が、No. 2 には三つのグラフがあります。これから、No. 1 と No. 2 について、英文を2回ずつ読みます。それぞれの英文の内容と一致するものをア、イ、ウの中から一つずつ選んで、その記号を書きなさい。では、始めます。

No. 1　It's cloudy today.　A man and a woman are running in the park.　A boy wearing a cap is sitting under the tree.　　（約 3 秒 休止）

　　　　繰り返します。

　　　　　　　　　　　　　　　　　　　　　　　　　　　　　　　　　　　　　（約 3 秒 休止）

No. 2　Look at this.　It shows three popular sports in my class.　Soccer is as popular as volleyball.　But basketball is the most popular of the three.
　　　　　　　　　　　　　　　　　　　　　　　　　　　　　　　　　　　　　（約 3 秒 休止）

　　　　繰り返します。

　　　　　　　　　　　　　　　　　　　　　　　　　　　　　　　　　　　　　（約 5 秒 休止）

次に、**問2**について説明します。これから読まれる英文はトムと直子の会話です。あとに読まれる No. 1 ～ No. 3 の質問の答えとして最も適当なものをア、イ、ウの中から一つずつ選んで、その記号を書きなさい。英文と質問は2回ずつ読みます。では、始めます。

　　　男性：Hi, Naoko.
　　　女性：Hi, Tom.　How was your holiday?
　　　男性：It was great.　I visited a friend in Osaka.
　　　女性：That's great!　I've never been there.　Did you like it?
　　　男性：Yes, I did.　I visited Osaka Castle.　It was so interesting.　I learned the history of Osaka.　How was your holiday, Naoko?
　　　女性：I went to Hokkaido with my mother to see my brother.　He is a student there.
　　　男性：Wow, you went to Hokkaido!
　　　女性：We went to see the Snow Festival there, and we saw many things made with snow.　They were so beautiful.
　　　男性：I see.　I really want to visit Hokkaido someday.
　　　女性：I think you will like it.

では、質問します。
No. 1　Who lives in Osaka?　　　　　　　　　　　　　　　　　　　　　　　（約 6 秒 休止）
No. 2　Why did Naoko go to Hokkaido?　　　　　　　　　　　　　　　　　（約 6 秒 休止）
No. 3　What are Tom and Naoko talking about?　　　　　　　　　　　　　（約 8 秒 休止）

　　　　繰り返します。

次に**問3**について説明します。これから読まれる英文は、みなと中学校のイングリッシュデーで最初に ALT の先生が生徒に向けて行った説明です。No. 1・No. 2 については、［質問］に対する［答え］となるように空所に入る適当な英語を書きなさい。No. 3 では問題用紙の［今日の活動］が実施する順番になるように、①～③に入る適当な絵を下の［選択肢］ア、イ、ウの中から一つずつ選び、その記号を書きなさい。英文は2回読みます。では、問題用紙の【問題の流れ】のように、30秒後に【1回目の放送】を始めますので、No. 1 ～ No. 3 の問いに、今、目を通してください。　　（約 30 秒 休止）

では、始めます。
Hello, everyone.　Welcome to Minato's English Day.　We had the first English day last year, and we are having it again this year.　Today's goal is to talk to more than five people in English.　In this event, you will try a lot of things.　First, you are going to talk about yourself and your favorite thing with your group in the gym.　I hope you can make new friends.　Next, you will sing English songs in the music room.　At noon, you will have lunch in the school garden.　In the afternoon, you will go to the English Room to enjoy English games.　Oh, sorry.　I need to tell you one more thing.　Before you leave the garden after lunch, we will take pictures together.　Please enjoy the event!　　（約 10 秒 休止）

　　　　繰り返します。

過去問題 B

放送を聞いて、次の各問いに答えなさい。

問1 次の No. 1 〜 No. 3 の絵や表についてそれぞれ A、B、C の三つの英文が放送される。絵や表を最も適切に表しているものを A、B、C の三つの英文の中から一つずつ選んで、その記号を書け。

No. 1

No. 2

ある学校の生徒の通学方法	
徒　歩	200人
自転車	150人
バ　ス	50人

No. 3

問2 これから読まれる英文は、先生から生徒に向けた校内放送である。あとに読まれる No. 1 ～ No. 3 の質問の答えとして最も適当なものをア～ウの中から一つずつ選んで、その記号を書け。

No. 1　ア　A baseball game.
　　　　イ　A school concert.
　　　　ウ　A sports day.

No. 2　ア　At 10:30.
　　　　イ　At 11:00.
　　　　ウ　At 11:30.

No. 3　ア　The students have to take a bus from school.
　　　　イ　The students need something red to wear.
　　　　ウ　The students don't have to bring something to eat.

問3 これから読まれる英文は、ニューヨークに住むマイクと理奈との電話での会話である。二人の会話を聞き、下の［メモ］の空所①～④に適当な数字または日本語を書け。

［メモ］

○マイクが日本にいる期間 ： 　（①　　　月　　　日）～（②　　　月　　　日）
○マイクが日本でしたいこと ： 　（③　　　曜日）に、 　　　　　　　　　　　　　　　　 父と一緒に（　　　　　④　　　　　）。

問1	No. 1		No. 2		No. 3	
問2	No. 1		No. 2		No. 3	
問3	①		（　　　）月（　　　）日			
	②		（　　　）月（　　　）日			
	③		（　　　）曜日			
	④					

過去問題B 放送文

放送中にメモをとってもかまいません。

それでは、**問1**について説明します。次の No. 1 〜 No. 3 の絵や表についてそれぞれ**A**、**B**、**C**の三つの英文を読みます。絵や表を最も適切に表しているものを**A**、**B**、**C**の三つの英文の中から一つずつ選んで、その記号を書きなさい。英文は2回ずつ読みます。では、始めます。

No. 1　　**A**：A woman is working in the office.　　　　　　　　　　　　　　　　　（約 2 秒　休止）
　　　　B：A woman is walking with a dog.　　　　　　　　　　　　　　　　　（約 2 秒　休止）
　　　　C：A dog is eating food in the park.　　　　　　　　　　　　　　　　　（約 2 秒　休止）

　　　　繰り返します。

No. 2　　**A**：There are no students who walk to school.　　　　　　　　　　　　　（約 2 秒　休止）
　　　　B：150 students take a bus to school.　　　　　　　　　　　　　　　　（約 2 秒　休止）
　　　　C：More students come to school by bicycle than by bus.　　　　　　　　（約 2 秒　休止）

　　　　繰り返します。

No. 3　　**A**：This is a book which you use when you want to know what a word means.　（約 2 秒　休止）
　　　　B：This is a book which has an interesting story and pictures.　　　　　　（約 2 秒　休止）
　　　　C：This is a book which tells you how to get to a place.　　　　　　　　（約 2 秒　休止）

　　　　繰り返します。

次に、**問2**について説明します。これから読まれる英文は、先生から生徒に向けた校内放送です。あとに読まれる No. 1 〜 No. 3 の質問の答えとして最も適当なものをア、イ、ウの中から一つずつ選んで、その記号を書きなさい。英文と質問は2回ずつ読みます。では、始めます。

We have good news, everyone. Our baseball team won the game last week and this Sunday they will have a big game. Why don't you go to watch the game? The game begins at 11:30 in the morning. We'll meet at the baseball stadium thirty minutes before the game starts. If you want, you can take a bus from school at 10:30. Our school color is red, so please wear something red, for example, a red T-shirt. Also, don't forget to bring lunch. I hope many of you will join us.

では、質問します。
No. 1　　What is the teacher talking about?　　　　　　　　　　　　　　　　　（約 6 秒　休止）
No. 2　　When will the students meet at the stadium?　　　　　　　　　　　　　（約 6 秒　休止）
No. 3　　What did the teacher say to the students?　　　　　　　　　　　　　　（約 6 秒　休止）

　　　　繰り返します。

次に**問3**について説明します。これから読まれる英文は、ニューヨークに住むマイクと理奈との電話での会話です。それを聞いて、［メモ］の空所①〜④に適当な数字または日本語を書きなさい。会話は2回読みます。では、始めます。

　　男性：Hello. May I speak to Takashi, please?
　　女性：I'm sorry. My father is out now. This is Rina. Who's calling, please?
　　男性：Hi, Rina. This is Mike, from New York. I'm your father's friend. When I was studying in Japan, we were in the same high school.
　　女性：I see. He will come back home in the evening.
　　男性：O.K. May I leave a message for him?
　　女性：Sure.
　　男性：I'm going to stay in Japan from March 31 to April 13.
　　女性：March 31 to April 13?
　　男性：Yes. During my stay in Japan, I don't have to work on Sundays and Mondays.
　　女性：Uh-huh.
　　男性：I think your father's holidays are Saturdays and Sundays, so on Sunday, I want to visit our high school teacher with your father.
　　女性：I see. I will tell him about that.
　　男性：Thank you. Bye.　　　　　　　　　　　　　　　　　　　　　　　　（約 10 秒　休止）

　　　　繰り返します。

以上で聞き取りテストを終わります。

実践問題A

【問 1】 リスニングテスト （英語は，(1)では1度，(2)，(3)，(4)では2度読みます。）

(1) No. 1

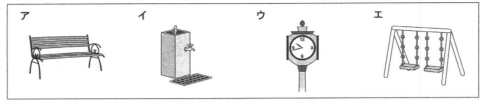

No. 2

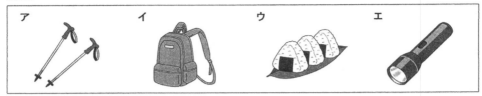

No. 3

(2) No. 1 ＜電話の会話＞

```
ア  サリーにパーティーに来てほしいから    イ  サリーにカメラを貸してほしいから
ウ  サリーにパーティーに招待してほしいから  エ  サリーにカメラがあるか確かめてほしいから
```

No. 2 ＜週末の自宅のリビングでの会話＞

```
ア  翌日に友達が来ることになったから    イ  飲み物をこぼしてしまったから
ウ  掃除するように母に頼まれたから     エ  お菓子や飲み物がほしかったから
```

No. 3 ＜わかば市立図書館の館内放送＞

```
ア  イベントが開催される日時     イ  イベントに参加できる子供の年齢
ウ  イベントの受付日時        エ  イベントに参加できる子供の人数
```

(1)	No. 1	No. 2	No. 3

(2)	No. 1	No. 2	No. 3

(3) No. 1　**Question**：ごみステーション │◎│ の位置を示している地図はどれですか。

（★は加奈とスミスさんが初めに会話をしている位置を示す。）

ア

イ

ウ

エ

No. 2　**Question**：ごみステーションに立っている看板に書かれていることはどれですか。

ア

日	月	火	水	木	金	土
	燃えるごみ		プラスチック	燃えるごみ	資源物（古紙）	

イ

日	月	火	水	木	金	土
	燃えるごみ	資源物（古紙）		燃えるごみ	プラスチック	

ウ

日	月	火	水	木	金	土
	資源物（古紙）	燃えるごみ	プラスチック		燃えるごみ	

エ

日	月	火	水	木	金	土
	プラスチック	燃えるごみ		資源物（古紙）	燃えるごみ	

(4) No. 1　**Question**：チャイムの部分で街の人が話した英語はどれですか。

　ア　you can wait for the next bus

　イ　you want to go there someday

　ウ　you want to get there quickly

　エ　you can tell me how to get there

No. 2　**Question**：2人の会話についてまとめた次の英文の（　　　）にはどのような英語が

入りますか。適切な英語1語を書きなさい。

　　　The man told the visitor to take a taxi because the visitor was in a hurry. It was

（　　　）than any other ways from the station to Shinshu Stadium.

	No. 1	No. 2
(3)		

	No. 1	No. 2
(4)		

問題は，(1)，(2)，(3)，(4)があります。(1)から(4)のNo. 1は，英語を聞いて，質問の答えとして最も適切なものを，アからエの中から1つずつ選び，記号を書きなさい。(4)のNo. 2は，問題冊子に書かれた指示に従って，英語を書きなさい。英語は，(1)では1度，(2)，(3)，(4)では2度読みます。メモをとってもかまいません。

まず，(1)から始めます。(1)は，No. 1からNo. 3のそれぞれの絵を見て答える問題です。英語は1度読みます。それでは，始めます。

No. 1　Look at No. 1．We are at the park now. We look at this when we want to know the time. Which picture shows this?
No. 2　Look at No. 2．We usually use this when we carry things on a hiking trip. Which picture shows this?
No. 3　Look at No. 3．The boy wanted to watch TV after doing his homework. When he finished his homework, his grandmother called him. It was his birthday, so he talked a lot on the phone with her and he could not watch TV. Which picture shows what the boy did first and second?
　　これで(1)は終わります。

次の(2)では，No. 1とNo. 2で2人が会話をしています。No. 3では館内放送が流れます。それぞれの会話と館内放送の後，"Question"と言ってから，内容についての質問をします。英語は2度読みます。それでは，始めます。

No. 1　※　A：Hello, this is Sally.
　　　　　　B：Hi, Sally. This is Koji. Thank you for inviting me to your party yesterday. I'm calling you because I lost my camera. Did you see it anywhere?
　　　　　　A：No, I didn't. I'll look for it.
　　　　　　B：Thanks. Please call me if you find it.
　　　　　　　　Question：Why did Koji call Sally?
　　繰り返します。※　略

No. 2　※　A：What are you going to do this afternoon?
　　　　　　B：My friends will come tomorrow, so I'm going to clean my room.
　　　　　　A：How many friends will come?
　　　　　　B：Two. Later, another friend may come.
　　　　　　　　Question：Why will the boy clean his room?
　　繰り返します。※　略

No. 3　※　(図書館の館内放送)The Wakaba City Library has an event called "Picture Book Reading for Children." We have this event on the first Thursday of each month from 4:00 p.m. to 5:00 p.m. In this event, English picture books are introduced each time. If your children want to join this event, please come to the entrance of the library next Sunday at 2:00 p.m. Thirty children can join this event and we will give a picture book to each of them.
　　　　　　　　Question：Which is the information you don't have now?
　　繰り返します。※　略
　　これで(2)は終わります。

次の(3)では，中学生の加奈が，最近，隣に引っ越してきた外国人のスミスさん(Mr. Smith)と会話をしています。内容に関するNo. 1とNo. 2の質問と答えの選択肢を，今から10秒間で確認しなさい。
（間10秒）
英語は2度読みます。それでは，始めます。
　　　　　※
　　　　　Kana：Good morning, Mr. Smith.
　　Mr. Smith：Good morning, Kana. Could you tell me where to put this garbage bag?
　　　　　Kana：Can you see the traffic light? Turn left at that corner. Then, you'll see a garbage station on your right.
　　Mr. Smith：It's next to the park, right? I just went there, but there was nothing there. So, I thought I was in the wrong place.
　　　　　Kana：I don't think so. Let's check.

　　　　　Kana：Oh, you're right. There are no garbage bags here, but I understand why.
　　Mr. Smith：What is it?
　　　　　Kana：Look at this. Today isn't the day for collecting garbage.
　　Mr. Smith：Oh, I see. So, I should bring it tomorrow.
　　　　　Kana：That's right. And the day after tomorrow will be a plastic day.
　　Mr. Smith：Thank you, Kana.
　　繰り返します。※　略
　　これで(3)は終わります。

次の(4)では，ある旅行客が駅前でコンサート会場までの行き方を街の人に尋ねています。会話の途中で，セリフの代わりに次のようなチャイムの音(チャイム音)が鳴るところがあります。内容に関するNo. 1の質問と答えの選択肢を，No. 2の質問と英文を，今から10秒間で確認しなさい。
（間10秒）
英語は2度読みます。それでは，始めます。
　　　　　※
　　　　visitor：Excuse me. How can I get to Shinshu Stadium?
　　　　　man：Take bus No. 7, but you need to wait for about thirty minutes for the next bus.
　　　　visitor：Oh, that's too late. Are there any other ways?
　　　　　man：Do you mean (　　　　　　　　　　　　)?
　　　　visitor：Yes, I'm in a hurry. The concert starts soon.
　　　　　man：Well, just take a taxi. It takes maybe ten minutes.
　　繰り返します。※　略

〔アナウンス 4〕

┃　これでリスニングテストを終わります。　　　　　　　　　　　　　　　　　　　　　　　　　　　　　　　　┃

（四点チャイム）

実践問題 B

英語を聞いて答える問題

A　絵を選ぶ問題

① 　② 　③ 　④

B　スポーツを選ぶ問題

最も好きなスポーツ（35人）

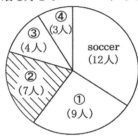

ア　badminton

イ　baseball

ウ　swimming

エ　basketball

C　応答を選ぶ問題

ア　I visited there yesterday.　　イ　You're welcome.

ウ　Because it's a beautiful picture.　　エ　That's a good idea.

D　対話の内容を聞き取る問題

E　文章の内容を聞き取る問題

No. 1
ア　On Saturday morning.
イ　On Saturday afternoon.
ウ　On Sunday morning.
エ　On Sunday afternoon.

No. 2
ア　To give some presents to Junko.
イ　To say to his mother "Thank you."
ウ　To make Junko's mother happy.
エ　To think about what to buy for his mother.

No. 3
ア　Because Yuta went to a flower shop and bought some flowers for her.
イ　Because Yuta told her to buy him some presents.
ウ　Because Yuta gave a letter to her and said, "Thank you for being a nice mom."
エ　Because Yuta said to her, "I couldn't decide what to do for you."

A	◯		
B			
C			
D	Ellen と Sam の 待 ち 合 わ せ 場 所	_____ の前	
	Ellen と Sam の 待 ち 合 わ せ 時 刻	午前 _____ 時 _____ 分	
	Ellen が Sam に 持 っ て 行 く ほ う が よ い と 言 っ た も の		
E	No. 1	No. 2	No. 3

実践問題B 　放送文

問題は，A，B，C，D，Eの5種類です。

Aは，絵を選ぶ問題です。今から，Kenta が昨日の昼食後にしたことについて，説明を英語で2回くりかえします。よく聞いて，その説明にあてはまる絵を，①から④の絵の中から一つ選んで，その番号を書きなさい。

Kenta played the violin after lunch yesterday.

次は，Bの問題です。Bは，スポーツを選ぶ問題です。問題用紙のグラフを見てください。Shiho が，クラスの35人の生徒に，「最も好きなスポーツ」をたずねたところ，5つのスポーツがあげられました。今から，Shiho がその結果を英語で発表します。よく聞いて，グラフの②にあてはまるスポーツとして最も適当なものを，アからエのうちから一つ選んで，その記号を書きなさい。英文は2回くりかえします。

The most popular sport is soccer in our class. And nine students like baseball the best. Badminton is more popular than basketball. Swimming is not so popular. Three students like swimming the best.

次は，Cの問題です。Cは，応答を選ぶ問題です。今から，Leo と Emily の対話を英語で2回くりかえします。よく聞いて，Leo の最後のことばに対する Emily の応答として最も適当なものを，アからエのうちから一つ選んで，その記号を書きなさい。

Leo:　　Look at that beautiful mountain!
Emily:　Wow, I have never seen such a beautiful mountain before.
Leo:　　Why don't we take a picture of it?

次は，Dの問題です。Dは，対話の内容を聞き取る問題です。今から，Ellen と Sam の対話を英語で2回くりかえします。よく聞いて，Ellen と Sam の待ち合わせ場所，Ellen と Sam の待ち合わせ時刻および Ellen が Sam に持って行くほうがよいと言ったものを，それぞれ日本語で書きなさい。

Ellen: My sister, Lisa, has a tennis game tomorrow. Do you want to come?

Sam: Sure. I want to watch it.

Ellen: So, let's meet in front of the library at 7:20 tomorrow morning.

Sam: Wow, that's too early for me.

Ellen: How about meeting at 7:50? The tennis game starts at 9:00.

Sam: OK. I hope she will win the game.

Ellen: I'm very excited. Oh, you should bring something to drink. It will be sunny tomorrow.

最後は，Eの問題です。Eは，文章の内容を聞き取る問題です。はじめに，Yuta についての英文を読みます。そのあとで，英語で No. 1，No. 2，No. 3 の三つの質問をします。英文と質問は，2回くりかえします。よく聞いて，質問に対する答えとして最も適当なものを，アからエのうちからそれぞれ一つずつ選んで，その記号を書きなさい。

Yuta is a junior high school student. On Saturday afternoon, Yuta went to the park with his classmate, Junko. She said to him, "Mother's Day is tomorrow. What are you going to do for your mother?" He said, "I have never thought about it. How about you?" She said, "I will buy some flowers." He was surprised and said, "I have never given my mother any presents." Then, he decided to give his mother something special.

On that evening, Yuta thought about what to buy for his mother, but he could not find any good presents. He felt sorry. Then, he called Junko to ask her about his mother's presents. He said, "I can't decide what to give to my mother. What should I do?" Junko answered, "Don't worry, Yuta. Just say 'Thank you' to her."

On Mother's Day, after Yuta had dinner with his family, he said to his mother, "Mom, today is Mother's Day. I have no presents but here's a letter for you. Thank you for being a nice mom." This made his mother happy.

質問です。

No. 1 When did Yuta and Junko go to the park?

No. 2 What did Junko tell Yuta to do on the phone?

No. 3 Why was Yuta's mother happy?

実践問題C

聞き取りテスト　放送の指示に従って，次の1～7の問いに答えなさい。英語は1から4は1回だけ放送します。5以降は2回ずつ放送します。メモをとってもかまいません。

1　これから，Justin と Keiko との対話を放送します。Keiko が将来なりたいものとして最も適当なものを下のア～エの中から一つ選び，その記号を書きなさい。

2　これから，Yumi と Alex との対話を放送します。二人が乗るバスが出発する時刻として最も適当なものを下のア～エの中から一つ選び，その記号を書きなさい。
ア　9:13　　　　　　イ　9:14　　　　　　ウ　9:30　　　　　　エ　9:40

3　これから，Saki と John との対話を放送します。二人は，友達の Lucy と一緒に図書館で勉強する予定の日について話しています。下はその対話の後に，Saki が Lucy と話した内容です。対話を聞いて，（　　　）に適切な英語1語を書きなさい。
Saki : Hi, Lucy.　John wants to go to the library on (　　　　).　Can you come on that day ?
Lucy : Sure !

4　これから，Hiroko が授業で行った発表を放送します。Hiroko は下の3枚の絵を見せながら発表しました。話の展開に従ってア～ウを並べかえ，その記号を書きなさい。

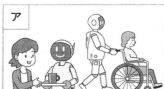 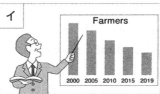 

5　これから，授業中の先生の指示を放送します。下のア～エの中から，<u>先生の指示にないもの</u>として最も適当なものを一つ選び，その記号を書きなさい。
ア　発表の主題　　　　イ　発表の長さ　　　ウ　発表する日　　　エ　発表で使うもの

6　これから，Kazuki が宇宙センター（space center）で働く父親について授業で行ったスピーチを放送します。スピーチの後に，その内容について英語で二つの質問をします。(1)は質問に対する答えとして最も適当なものを下のア～エの中から一つ選び，その記号を書きなさい。(2)は英文が質問に対する答えとなるように，　　　　に入る適切な英語を書きなさい。
(1)　ア　For five years.　　　　　　イ　For eight years.
　　　ウ　For ten years.　　　　　　エ　For eleven years.

(2)　He has learned it is important to 　　　　　　　　.

7　これから，Olivia と Akira との対話を放送します。その中で，Olivia が Akira に質問をしています。Akira に代わってあなたの答えを英文で書きなさい。2文以上になってもかまいません。書く時間は1分間です。

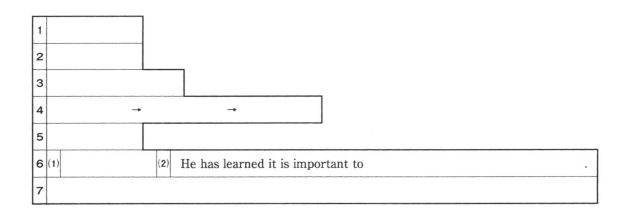

1			
2			
3			
4	→ →		
5			
6	(1)	(2) He has learned it is important to	.
7			

実践問題C 放送文

英語は1番から4番は1回だけ放送します。5番以降は2回ずつ放送します。メモをとってもかまいません。

（約3秒間休止）

では，1番の問題を始めます。まず，問題の指示を読みなさい。

（約13秒間休止）

それでは放送します。

Justin : Keiko, what do you want to be in the future?
Keiko : I want to be a doctor in the future.
Justin : That's a nice dream!
Keiko : Thank you. I want to work at a hospital to help sick people.

（約10秒間休止）

次に，2番の問題です。まず，問題の指示を読みなさい。

（約13秒間休止）

それでは放送します。

Yumi : Alex, hurry up! Our bus will leave soon.
Alex : What time will the bus leave the station?
Yumi : It will leave at 9:40.
Alex : OK. Let's go!

（約10秒間休止）

次に，3番の問題です。まず，問題の指示を読みなさい。

（約20秒間休止）

それでは放送します。

Saki : John, we will study at the library with Lucy on Monday.
John : I'm sorry, Saki. I'll be busy on that day. I want to go on Tuesday.
Saki : OK. You want to go on Tuesday, right? I will ask Lucy about it later.
John : Thank you, Saki.

（約15秒間休止）

次に，4番の問題です。まず，問題の指示を読みなさい。

（約15秒間休止）

それでは放送します。

Hello, everyone. Please look at this picture. These are rice balls my grandfather and grandmother made. They are rice farmers. This summer, I went to their house. A small machine was flying over the rice field. Then, I remembered a lesson at school. The teacher said, "There are fewer farmers, so more machines will help farmers in the future." I think a lot of machines will work around us. We have to learn how to live with machines.

（約10秒間休止）

次に，５番の問題です。まず，問題の指示を読みなさい。

（約13秒間休止）

それでは放送します。

    You learned about problems of the Earth this week. Now I want you to make a speech. First, give your speech next Friday. Second, make a speech about something you can do for the Earth. Third, please use some pictures with your speech. Do you have any questions?

（約３秒おいて，繰り返す。）（約10秒間休止）

次に，６番の問題です。まず，問題の指示を読みなさい。

（約20秒間休止）

それでは放送します。

    I want to talk about my father. He works at a space center. He started working there eight years ago. He works with a lot of people. Some people can speak English very well. Other people know a lot about science. Everyone helps each other when there is a problem.

    One day, a woman at the space center had a problem with her computer. My father was able to help her because he knew a lot about computers. She was very glad.

    From my father's story, I have learned it is important to help each other. Thank you.

Question (1) : How long has Kazuki's father worked at the space center?

（約７秒間休止）

Question (2) : Kazuki has learned an important thing. What has he learned?

（約７秒間休止）

では，２回目の放送をします。   （最初から質問(2)までを繰り返す。）（約15秒間休止）

次に，７番の問題です。まず，問題の指示を読みなさい。

（約15秒間休止）

それでは放送します。

Olivia : During the winter vacation, I started reading English books.
Akira : Oh, really? I also started doing something new.
Olivia : What did you do, Akira?
Akira : (   )

（３秒おいて，繰り返す。）（約１分間休止）

〈チャイムの音四つ〉

男性：おお，君は北海道に行ったんだ！

女性：私たちはそこに雪まつりを見に行ったの。雪で作られたものをたくさん見たわ。とてもきれいだったのよ。

男性：そうなんだね。僕はいつか，ぜひ北海道を訪れたいと思っているんだよ。

女性：きっと気に入ると思うわ。

問3【日本語訳】参照。

　No. 1　質問「みなと中学校がイングリッシュデーを行うのはこれが初めてですか？」…説明の3文目より，<u>2回目</u>だから，second が適当。

　No. 2　質問「今日の目標は何ですか？」…説明の4文目より，talk to more than five people を書けばよい。

　No. 3　体育館→①ウ「音楽室」→校庭→②イ「集合写真」→③ア「イングリッシュルーム」の流れ。

【日本語訳】

　こんにちは，みなさん。みなとイングリッシュデーにようこそ。昨年，初めてイングリッシュデーを行いましたが，今年も再び行います。今日の目標は，5人以上の人と英語で会話することです。このイベントで，みなさんは多くのことに挑戦します。まず，体育館で，グループで，自己紹介と大好きなものについて話し合う予定です。新しい友達を作れるといいですね。次に，_{No.3①}<u>音楽室で英語の歌を歌います。</u>正午になったら，校庭で昼食をとります。_{No.3③}<u>午後は，英語のゲームを楽しむためにイングリッシュルームに行きます。</u>ああ，ごめんなさい，もう1つ伝える必要があります。_{No.3②}<u>昼食後，校庭を離れる前に，一緒に写真を撮ります。</u>どうかこのイベントを楽しんでくださいね！

過去問題A

解答例

問1．No. 1．ウ　No. 2．イ

問2．No. 1．イ　No. 2．ア　No. 3．ウ

問3．No. 1．second〔別解〕2nd

　　　No. 2．talk to more than five people

　　　No. 3．①ウ　②イ　③ア

解説

問1　No. 1　「今日は曇っています。男性と女性が公園を走っています。帽子をかぶった少年が木の下で座っています」より，ウが一致。キーワードの cloudy，A boy wearing a cap を聞き取ろう。

　No. 2　「これを見てください。それは私のクラスで人気の3つのスポーツを表しています。サッカーはバレーボールと同じくらい人気があります。しかし，バスケットボールは3つの中で1番人気があります」より，イが一致。　・as … as ～「～と同じくらい…」

問2【日本語訳】参照。

　No. 1　質問「大阪には誰が住んでいますか？」…イ「トムの友達」が適当。ア「トムの兄」，ウ「直子の母」は不適当。　**No. 2**　質問「直子はなぜ北海道に行きましたか？」…ア「彼女の兄に会うため」が適当。イ「その歴史を学ぶため」，ウ「雪で城を作るため」は不適当。　**No. 3**　質問「トムと直子は何について話をしていますか？」…ウ「トムの大阪での休日と，直子の北海道での休日」が適当。ア「トムの大阪にいる家族と，直子の北海道にいる友達」　イ「大阪でのお祭りと北海道の歴史」は不適当。

【日本語訳】

男性：やあ，直子。

女性：こんにちは，トム。休日はどうだった？

男性：素晴らしかったよ。_{No.1イ，No.3ウ}<u>大阪にいる友達を訪ねたんだ。</u>

女性：すごい！私はそこに行ったことがないの。大阪は気に入った？

男性：うん，気に入った。大阪城を訪れたんだ。とても興味深かった。僕は大阪の歴史を学んだよ。直子，君の休日はどうだったの？

女性：_{No.2ア，No.3ウ}<u>兄に会いに，母と北海道に行ったわ。</u>彼はそこの学生なの。

過去問題B

解答例

問1．No．1．B　No．2．C　No．3．A

問2．No．1．ア　No．2．イ　No．3．イ

問3．①3，31　②4，13　③日

　　④高校の先生を訪問する

解説

問1

No．1　絵より，B「1人の女性が犬と歩いています」が適切。walking を聞き取る。

No．2　C「バスより自転車で通学する生徒の方が多い」が適切。A「徒歩で通学する生徒は×いない」B「×150人の生徒はバスで通学する」　・by＋（a や the をつけない乗り物）「（乗り物）で」…交通手段を表す。

No．3　A「これは単語の意味を知りたいときに使う本です」が適切。B「これは×おもしろい物語と絵がある本です」　C「これは×ある場所への行き方を教えてくれる本です」　・how to ～「～する方法」

問2　【日本語訳】参照。

No．1　質問「先生は何について話していますか？」…ア「野球の試合」が適切。イ「学校のコンサート」，ウ「体育祭」は不適当。

No．2　質問「生徒たちはスタジアムにいつ集合しますか？」…試合の開始時間が11時30分で，その30分前に集合するから，イ「11時」が適切。

No．3　質問「先生は生徒たちに何を言いましたか？」…イ「生徒たちは赤い服が必要である」が適切。ア「生徒たちは×学校からバスに乗らなければならない」　ウ「生徒たちは×食べるものを持ってくる必要はない」

・something＋…＋to～「～するための…なもの」（形容詞）　・don't have to ～「～する必要はない」

【日本語訳】

みなさん，良いお知らせがあります。No.1ア先週，本校の野球部が勝利し，今週の日曜日に大きな試合に臨みます。応援に行きましょう。No.2イ試合は午前11時30分に始まります。試合が始まる30分前に，スタジアムの前に集合します。10時30分に学校を出発するバスに乗ることもできます。No.3イ本校のスクールカラーは赤ですから，何か赤いもの，たとえば赤いTシャツなどを着てきてください。そしてお弁当を持ってくることを忘れずに。多くの人が参加してくれることを願っています。

問3　【日本語訳】参照。

【日本語訳】

男性：もしもし，タカシさんはいますか？

女性：すみません。父は不在です。私は理奈といいますが，どちらさまですか？

男性：こんにちは，理奈さん。私はマイクと言います。ニューヨークからかけています。お父さんの友達です。私が日本で勉強していた時，同じ高校に通っていました。

女性：そうなんですね。父は夕方戻りますが。

男性：わかりました。伝言をお願いしてもいいですか？

女性：もちろんです。

男性：私は①3月31日から②4月13日まで，日本に滞在することになりました。

女性：3月31日から4月13日までですね？

男性：はい。日本に滞在中，日曜日と月曜日は仕事がありません。

女性：はい。

男性：たしかお父さんは土曜日と日曜日が休みだったと思います。そこで，③日曜日，一緒に④高校（時代）の先生を訪問したいと思っています。

女性：わかりました。伝えます。

男性：ありがとう。それでは，また。

解答例

(1)No. 1. ウ　No. 2. イ　No. 3. エ
(2)No. 1. エ　No. 2. ア　No. 3. イ
(3)No. 1. ア　No. 2. イ
(4)No. 1. ウ　No. 2. faster〔別解〕better

解説

(1)No. 1 「私たちは今，公園にいます。時間を知りたいとき，これを見ます。どの絵がこれを表していますか？」…ウ「時計（台）」が適切。

No. 2 「私たちは普通，ハイキングで物を運ぶときにこれを使います。どの絵がこれを表していますか？」…イ「リュックサック」が適切。

No. 3 「男の子は宿題をした後でテレビを見たいと思っていました。宿題を終えた時，祖母が彼に電話をしてきました。彼の誕生日だったので，彼は祖母と電話でたくさん話をして，テレビを見ることができませんでした。男の子が最初と2番目にしたことを表しているのはどの絵ですか？」…エ「宿題をした後，電話で話した」が適切。

(2)No. 1 質問「なぜコウジはサリーに電話しましたか？」…A「こんにちは。サリーです」→B「やあ，サリー。コウジだよ。昨日はパーティに招いてくれてありがとう。君に電話したのは，僕がカメラを失くしたからなんだ。どこかで見なかった？」→A「いいえ，見なかったわ。探してみるね」→B「ありがとう。見つかったら，電話してね」より，エが適切。

No. 2 質問「なぜその男の子は自分の部屋を掃除しましたか？」…A「今日の午後は何をする予定？」→B「明日，友達が来るから，自分の部屋を掃除するつもりだよ」→A「友達は何人来るの？」→B「2人だよ。後でもう1人，来るかもしれないな」より，アが適切。

No. 3 質問「今，あなたにない情報はどれですか？」…（図書館の館内放送）「ワカバ市立図書館は『子供たちへの絵本の読み聞かせ』というイベントを開催します。このイベントは毎月第一木曜日，午後4時から5時まで行われます。このイベントでは，毎回，英語の絵本が紹介されます。このイベントに参加したいお子さんは，今度の日曜日午後2時に図書館の玄関に来てください。このイベントには30人のお子さんが参加できて，各自に絵本を差し上げます」より，イが適切。

(3)【放送文の要約】参照。

No. 1 加奈の2回目の発言「信号を左折して，右側の

ごみステーション」より，アが適切。

No. 2 加奈の5，6回目の発言「今日はごみの回収日ではない」と「あさってはプラスチックごみの回収日」，スミス先生の4回目の発言「ごみ袋は明日，持ってくるべき」より，イが適切。　・day after tomorrow「あさって」

【放送文の要約】

加奈　：おはようございます，スミスさん。

スミス：おはようございます，加奈さん。どこにこのごみ袋を置けばいいのか，教えてくれませんか？

加奈　：No.1ｱ信号が見えますか？その角を左に曲がってください。そうすれば，右側にごみステーションが見えます。

スミス：それは公園の隣，ですよね？そこへ行ったばかりですが，何もありませんでした。だから，私が間違った場所にいると思ったのです。

加奈　：そんなことはないですよ。確かめてみましょう。

加奈　：まあ，あなたの言う通りですね。ここにごみ袋がありませんが，理由がわかりました。

スミス：それは何ですか？

加奈　：これを見てください。No.2ｲ今日はごみの回収日ではないです。

スミス：ああ，そうですね。そして No.2ｲごみ袋は明日，持ってくるべきですね。

加奈　：その通りです。それと，No.2ｲあさってはプラスチックごみの日です。

スミス：ありがとう，加奈さん。

(4)【放送文の要約】参照。

No. 1 旅行客の2回目の発言より，ウが適切。

No. 2 2人の会話をまとめた文
「男性は旅行客にタクシーに乗るように言った。なぜなら旅行客が急いでいたからである。それが駅から信州スタジアムへ行くどんな方法よりも，　より速い（＝faster）」

【放送文の要約】

旅行客：すみません。信州スタジアムはどのように行けばいいですか？

男性　：7番のバスに乗ってください。でも次のバスまで約30分待つ必要があります。

旅行客：まあ，ずい分，遅いですね。何か他の方法がありますか？

男性　：ｳそこにもっと早く着きたい，ということですね？

旅行客：はい，急いでいます。コンサートがもうすぐ始まるんです。

男性　：それなら，タクシーに乗ってください。だいだい10分くらいで着きますよ。

解答例

A． ③　　B．ア　　C．エ

D．Ellen と Sam の待ち合わせ場所…図書館
　　Ellen と Sam の待ち合わせ時刻…7，50
　　Ellen が Sam に持って行くほうがよいと言った
　　もの…飲み物

E．No. 1．イ　No. 2．イ　No. 3．ウ

解　説

A　「ケンタは昨日の昼食後にバイオリンを弾きました」より，③が適当。

B　「私たちのクラスではサッカーが最も人気です。そして9人の生徒は野球が1番好きです。バドミントンはバスケットボールよりも人気です。水泳はあまり人気ではありません。3人の生徒が水泳が1番好きです」より，②にはア「バドミントン」が入る。

C　レオ「あの美しい山を見て！」→エミリー「わあ，あんな美しい山を見たことがないわ」→レオ「写真を撮らない？」に対するエミリーの応答はエ「それはいい考えね」が適当。

D　エレン「姉(妹)のリサは明日テニスの試合があるの。来たい？」→サム「いいね。それを見たいな」→エレン「それじゃあ明日の朝7時20分に図書館の前で待ち合わせしましょう」→サム「わあ，僕には早すぎるよ」→エレン「7時50分ならどう？テニスの試合は9時に始まるの」→サム「わかったよ。彼女が試合に勝つといいね」→エレン「とてもわくわくしているわ。ああ，あなたは飲み物を持って行くほうがいいわ。明日は晴れそうよ」

E　【日本語訳】参照。

No. 1　質問「ユウタとジュンコはいつ公園に行きましたか？」…イ「土曜日の午後」が適当。

No. 2　質問「ジュンコはユウタに電話で何をするように言いましたか？」…イ「母に『ありがとう』と言うこと」が適当。

No. 3　質問「なぜユウタの母は嬉しかったのですか？」…ウ「ユウタが彼女に手紙を渡し，『素敵なお母さんでいてくれてありがとう』と言ったからです」が適当。

【日本語訳】
　　ユウタは中学生です。No. 1ィ土曜日の午後，ユウタはクラスメートのジュンコと公園に行きました。彼女は彼に「母の日は明日ね。あなたはお母さんのために何をするの？」と言いました。彼は「考えたことがなかったよ。君は？」と言いました。彼女は「花を買うわ」と言いました。彼は驚いて，「お母さんにプレゼントをあげたことがないよ」と言いました。それから，彼は母に何か特別なものをあげることに決めました。

　　その夜，ユウタは母のために何を買うべきか考えましたが，素敵なプレゼントを見つけられませんでした。彼は申し訳ないと感じました。それから，ジュンコに電話して母のプレゼントについて聞きました。彼は「お母さんに何をあげたらいいのかわからない。どうしたらいい？」と言いました。No. 2ィジュンコは「心配しないで，ユウタ。ただ『ありがとう』って言ってあげて」と答えました。

　　母の日，ユウタは家族と夕食をとった後，No. 3ゥ母に「お母さん，今日は母の日だね。プレゼントはないけど，これは手紙だよ。素敵なお母さんでいてくれてありがとう」と言いました。これで母は嬉しくなりました。

実践問題C

解答例

1. ウ　2. エ　3. Tuesday

4. ウ→イ→ア　5. イ

6. (1)イ　(2)help each other

7. (例文)I started cooking for my family.

解説

1　ケイコの1回目の発言「私は将来は医者になりたいです」より，ウが適当。

2　アレックスの1回目の発言の「バスは何時に駅を出発しますか？」と，ユミの2回目の発言の「9時40分に出発します」より，エが適当。

3　サキ「ジョン，月曜日にルーシーと一緒に図書館で勉強するわ」→ジョン「ごめん，サキ。その日は忙しいんだ。火曜日に行きたいな」→サキ「わかったわ。火曜日に行きたいのね？後でルーシーに聞いてみるわ」→ジョン「ありがとう，サキ」の流れ。ジョンが図書館に行きたい曜日はTuesday「火曜日」である。

4　【日本語訳】参照。

【日本語訳】

みなさん，こんにちは。この写真を見てください。ゥ祖父と祖母が作ったおにぎりです。彼らは米農家です。この夏，私は彼らの家に行きました。小さな機械が田んぼの上を飛んでいました。そのとき，学校の授業を思い出しました。先生は「ィ農家の数が少なくなってきているので，将来はもっと多くの機械が農家を助けるだろう」と言いました。ァ多くの機械が私たちの周りで働くと思います。私たちは機械と一緒に暮らす方法を学ばなければなりません。

5　【日本語訳】参照。イ「発表の長さ」については先生からの指示にない。

【日本語訳】

あなたは今週，地球の問題について学びました。これから，みなさんにスピーチをしてほしいです。1つ目に，ゥ来週の金曜日にスピーチをします。2つ目に，ァ地球のためにできることについてスピーチをします。3つ目に，ェあなたのスピーチで写真を何枚か使用してください。何か質問はありますか？

6　【日本語訳】参照。

(1)　質問「カズキの父親は宇宙センターでどのくらい働いていますか？」　(2)　質問「カズキは重要なことを学びました。彼は何を学びましたか？」…助け合う（＝help each other）ことの重要さを学んだことを聞き取る。

【日本語訳】

私は父について話したいです。彼は宇宙センターで働いています。(1)ィ彼は8年前にそこで働き始めました。彼はたくさんの人と仕事をしています。英語をとても上手に話すことができる人もいます。科学について詳しい人もいます。問題が発生したときは，誰もが助け合います。

ある日，宇宙センターの女性がコンピューターの問題を抱えていました。父はコンピューターに詳しかったので，彼女を助けることができました。彼女はとても喜んでいました。

父の話から，(2)助け合うことが大切だということを学びました。ありがとうございました。

7　オリビア「冬休みの間に，私は英語の本を読み始めたわ」→アキラ「おお，そうなの？僕も新しいことを始めたよ」→オリビア「アキラ，何を始めたの？」→アキラ「(例文)家族のために料理を作り始めたよ」

高校入試対策

英語リスニング 練習問題

解 答 集

contents

※問題は別冊です

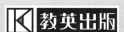

入試本番に向けて

入試本番までにしておくこと

入試本番までに志望校の過去問を使って出題パターンを把握しておこう。英語リスニング問題は学校ごとに出題傾向があります。受験する学校の出題パターンに慣れておくことが重要です。

リスニング開始直前のチェックポイント

音声が流れるまでに問題文全体にざっと目を通そう。それぞれの問題で話題となる場面や登場人物をチェックしておこう。

✓ イラストを check !

英語リスニング問題ではイラストやグラフが使われることが多くあります。イラストなら**共通点と相違点を見つけて**，放送される事がらを予想しておこう。グラフなら**たて軸とよこ軸が何を表しているか**を見ておこう。

✓ 選択肢を check !

英文を選ぶ問題では，選択肢の登場人物，場所，日時などを事前に見つけ出して〇やアンダーラインなどの "しるし" をつけておこう。また，選択肢の共通点と相違点を見つけて質問を予想しておこう。

✓ 数字表現を check !

英語リスニング問題で必ず出題されるのが数字表現です。問題に数を表したイラストや時間を表す単語などがあるときは，数字を意識して解く問題だと予想しておこう。あらかじめ，問題文の英単語を数字に置きかえてメモしておく（fifteen → 15）とよい。

リスニング本番中の心構え

✓ メモにとらわれない！

英語リスニング問題ではほとんどの場合，「放送中にメモを取ってもかまいません。」という案内があります。特に，長文を聴き取らなくてはならないときはメモは不可欠です。ただし，メモを取るときに注意すべきことがあります。それは，**メモを取ることに集中しすぎて音声を聴き逃さない**ことです。〇やアンダーラインなど自分がわかる "しるし" をうまく活用して，「聴く」ことから気をそらさないようにしよう。

✓ 2回目は聴き方を変える！

放送文が1回しか読まれない入試問題もありますが，多くの場合は質問も含めて2回繰り返して読まれます。2回繰り返して読まれるときは，1回目と2回目で聴き方を変えます。1回目は状況や場面を意識し，（質問が先に放送される場合は，）2回目は質問に合う答えを出すことを意識しよう。1回目で答えがわかったときは，2回目は聴き違いがないか消去法を使って確実に聴き取ろう。

この解答集の特長と使い方

問題を解き終えたら，基本問題集（別冊）P1 ～ P2 の手順で答え合わせと復習をしよう。
解答集の左側のページにある QR コードを読み取ると，そのページの**さらに詳しい解説**を見ることができます。

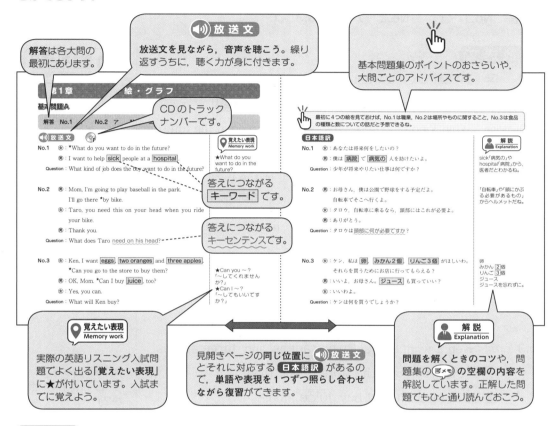

🔊 放送文
放送文を見ながら，音声を聴こう。繰り返すうちに，聴く力が身に付きます。

解答は各大問の最初にあります。

CDのトラックナンバーです。

基本問題集のポイントのおさらいや，大問ごとのアドバイスです。

答えにつながる**キーワード**です。

答えにつながる**キーセンテンス**です。

覚えたい表現 Memory work
実際の英語リスニング入試問題でよく出る「**覚えたい表現**」に★が付いています。入試までに覚えよう。

見開きページの同じ位置に **🔊 放送文** とそれに対応する **日本語訳** があるので，単語や表現を１つずつ照らし合わせながら復習ができます。

解説 Explanation
問題を解くときのコツや，問題集の **📝メモ** の空欄の内容を解説しています。正解した問題でもひと通り読んでおこう。

**覚えたい表現 Memory work まとめ** （P37 ～ 38）

「**覚えたい表現**」をおさらいしておこう。
このページの QR コードを読み取ると，グループ分けした「**覚えたい表現**」を見ることができます。

🔊 聞き違いをしやすい表現 Easy to mistake （P39）

「**聞き違いをしやすい表現**」を知っておこう。
このページの音声はＣＤや教英出版ウェブサイトで聴くことができます。

もっと リスニング力 をつけるには

🔊 音声に合わせてシャドーイング（発音）してみよう！
　正しい発音ができるようになると聴く力もぐんと上がります。まずは自分のペースで放送文を声に出して読んでみよう。次に音声に合わせて発音していこう。最初は聴こえたまま声に出し，慣れてきたら正しい発音を意識しよう。繰り返すうちに，おのずと正しい発音を聴き取る耳が鍛えられます。

🔊 音声を聴きながらディクテーション（書き取り）してみよう！
　聴こえた英文を書き取る練習をしよう。何度も聴いて文が完成するまでトライしよう。聴き取れなかった単語や文がはっきりするので，弱点の克服につながります。また，英語を書く力も鍛えられます。

第1章　　　　　絵・グラフ

基本問題A

解答　No.1　イ　　No.2　ア　　No.3　エ

放送文　

No.1　
　　女：★What do you want to do in the future?
　　男：I want to help sick people at a hospital .
　Question：What kind of job does the boy want to do in the future?

No.2　
　　男：Mom, I'm going to play baseball in the park.
　　　　I'll go there ★by bike.
　　女：Taro, you need this on your head when you ride
　　　　your bike.
　　男：Thank you.
　Question：What does Taro need on his head?

No.3　
　　女：Ken, I want eggs , two oranges and three apples .
　　　　★Can you go to the store to buy them?
　　男：OK, Mom. ★Can I buy juice , too?
　　女：Yes, you can.
　Question：What will Ken buy?

★What do you want to do in the future?
「あなたは将来何をしたいですか?」

★by bike
「自転車で」

★Can you 〜?
「〜してくれません
か?」
★Can I 〜?
「〜してもいいです
か?」

基本問題B

解答　No.1　ア　　No.2　イ　　No.3　ア　　No.4　イ

放送文　

No.1　A man is ★looking at a clock on the wall .
　Question：Which person is the man?

No.2　It was snowing this morning, so I couldn't go to school
　　　　by bike. I ★had to walk.
　Question：How did the boy go to school this morning?

★look at 〜
「〜を見る」

★have to 〜
「〜しなければなら
ない」

最初に４つの絵を見ておけば，No.1は職業，No.2は場所やものに関すること，No.3は食品の種類と数についての話だと予想できるね。

日本語訳

No.1　㊛：あなたは将来何をしたいの？

㊚：僕は 病院 で 病気の 人を助けたいよ。

Question：少年が将来やりたい仕事は何ですか？

No.2　㊚：お母さん，僕は公園で野球をする予定だよ。
自転車でそこへ行くよ。

㊛：タロウ，自転車に乗るなら，頭部にはこれが必要よ。

㊚：ありがとう。

Question：タロウは頭部に何が必要ですか？

No.3　㊛：ケン，私は 卵，みかん２個，りんご３個 がほしいわ。
それらを買うためにお店に行ってもらえる？

㊚：いいよ，お母さん。 ジュース も買っていい？

㊛：いいわよ。

Question：ケンは何を買うでしょうか？

解説 Explanation

sick「病気の」やhospital「病院」から，医者だとわかるね。

「自転車」や「頭にかぶる必要があるもの」からヘルメットだね。

卵
みかん 2 個
りんご 3 個
ジュース
ジュースを忘れずに。

４つの絵を見比べて，メモする内容を予想できたかな？ No.1は男性がしていること，No.2は天気と移動手段，No.3は少年の体調，No.4は時刻だね。

日本語訳

No.1　男性が 壁 の 時計 を見ています。

Question：その男性はどの人ですか？

No.2　今朝は 雪が降って いたので，私は学校に自転車で行けませんでした。私は歩かなければなりませんでした。

Question：その少年は今朝，どうやって学校へ行きましたか？

解説 Explanation

clock「掛け時計／置き時計」より，**ア**だね。

“snowing”，“walk”が聞き取れれば，**イ**とわかるね。

No.3　(女)：★What's the matter?

　　　(男)：Well, I've had a stomachache since this morning.
　　　　　　I didn't have it ★last night.

　　　(女)：That's too bad. Are you all right?

　Question：When did the boy have a stomachache?

> **覚えたい表現**
> Memory work
>
> ★What's the matter?
> 「どうしたの？」
> ★last night「昨夜」

No.4　(女)：Good morning, Kanta. Did you sleep well last night?

　　　(男)：Yes, Judy. I ★went to bed at eleven last night and ★got
　　　　　　up at seven this morning .

　　　(女)：Good. I could only sleep ★for six hours.

　Question：What time did Kanta get up this morning ?

> ★go to bed
> 「寝る」
> ★get up「起きる」
> ★for ～（期間を表す言葉）「～の間」

練習問題A

解答　No.1　ア　　No.2　エ　　No.3　ア　　No.4　ウ

 放送文 ③

No.1　(女)：Ah, I hope it will ★stop raining soon.

　　　(男)：It was sunny yesterday.

　　　(女)：Yes. But the TV says we will have snow this
　　　　　　afternoon.

　　　(男)：Really? ★How about tomorrow ?

　　　(女)：It will be cloudy.

　Question：How will the weather be tomorrow ?

> **覚えたい表現**
> Memory work
>
> ★stop ～ing
> 「～することをやめる」
>
> ★How about ～?
> 「～はどうですか？」

No.2　(男)：★Thank you for giving me a birthday present, Mary.
　　　　　　I like the bag very much.

　　　(女)：I'm happy you like it, Kenta.
　　　　　　Oh, you're wearing a nice T-shirt today.

　　　(男)：This is a birthday present from my sister.
　　　　　　And my mother made a birthday cake ★for me.

　　　(女)：Great. But you wanted a computer, right?

　　　(男)：Yes, I got one from my father !

　Question：What did Kenta get from his father ?

> ★Thank you for
> ～ing.
> 「～してくれてありが
> とう」
>
> ★for ～（対象を表す
> 言葉）「～のために」

No.3 　㊛：どうしたの？

　　　㊚：うーん，今朝からずっとお腹が痛いんです。

　　　　　昨夜は痛くなかったのですが。

　　　㊛：それは大変ね。大丈夫？

　Question：少年はいつお腹が痛かったですか？

解　説
Explanation

昨夜
お腹が痛くない。
今朝
お腹が痛い。

No.4 　㊛：おはよう，カンタ。昨夜はよく眠れた？

　　　㊚：うん，ジュディ。昨夜は11時に寝て，今朝は7時に起きたよ。

　　　㊛：いいね。私は6時間しか眠れなかったわ。

　Question：カンタは今朝何時に起きましたか？

質問に
this morning「今朝」
とあるから起きた時
刻の午前7時だね。

 No.1は天気，No.2は誕生日プレゼント，No.3は時刻，No.4はクラスのアンケート結果について メモしよう。No.3は計算が必要だね。

日本語訳

No.1 　㊛：ああ，すぐに雨が止んでほしいわ。

　　　㊚：昨日は晴れていたのに。

　　　㊛：ええ。でもテレビによると，今日の午後は雪らしいわ。

　　　㊚：本当に？　明日はどう？

　　　㊛：くもりらしいわ。

　Question：明日の天気はどうですか？

解　説
Explanation

昨日：晴れ
現在：雨
今日午後：雪
明日：くもり
質問はtomorrow
「明日」だからくもり
だね。

No.2 　㊚：誕生日プレゼントをありがとう，メアリー。

　　　　　バッグをとても気に入ったよ。

　　　㊛：気に入ってくれてよかったわ，ケンタ。

　　　　　あら，今日は素敵なTシャツを着ているわね。

　　　㊚：これは姉（妹）からの誕生日プレゼントなんだ。

　　　　　母も僕のために誕生日ケーキを作ってくれたんだ。

　　　㊛：すてき。でもあなたはパソコンがほしかったんでしょ？

　　　㊚：そうだよ，父からもらったよ！

　Question：ケンタは父から何をもらいましたか？

メアリー：バッグ
姉（妹）：Tシャツ
母：誕生日ケーキ
父：パソコン
質問はfather「父」か
らもらったものだか
ら，パソコンだね。

No.3　(女)：The movie will start at 11:00.

★What time shall we meet tomorrow, Daiki?

(男)：How about meeting at the station at 10:30, Nancy?

(女)：Well, I want to go to a bookstore with you before the movie starts. Can we meet earlier?

(男)：All right. Let's meet at the station fifty minutes before the movie starts.

(女)：OK. See you tomorrow!

Question：What time will Daiki and Nancy meet at the station?

> **覚えたい表現**
> **Memory work**
>
> ★What time shall we meet?
> 「何時に待ち合わせようか？」

No.4　(女)：Tsubasa, look at this!

We can see the most popular sports in each class.

(男)：Soccer is ★the most popular in my class, Mary.

(女)：Soccer is popular in my class, too.
But volleyball is more popular.

(男)：I see. And many of my classmates want to play softball.
I want to try it, too!

(女)：Really? ★No students in my class want to play softball.

Question：Which is Mary's class?

> ★the＋最上級＋in
> ＋○○
> 「○○の中で最も…」

> ★no＋人
> 「(人)が1人もいない」

練習問題B

解答	No.1 ア	No.2 ウ	No.3 ア	No.4 ウ

No.1　(女)：Kota, what a nice room!

(男)：Thank you! Do you know what this is, Judy?

(女)：No. ★I've never seen it before. Is it a table?

(男)：Yes, but this is not just a table.
This also ★keeps us warm in winter.

Question：What are they talking about?

>
> **覚えたい表現**
> **Memory work**
>
> ★I've never ～.
> 「私は一度も～したことがない」
>
> ★keep＋人／もの
> ＋状態「(人／もの)
> を(状態)に保つ」

No.3　㊛：映画は11時に始まるわ。

明日は何時に待ち合わせようか，ダイキ？

㊚：10時半に駅で待ち合わせるのはどう，ナンシー？

㊛：そうねぇ，私は映画が始まる前にあなたと書店に行きたいわ。

もっと早く待ち合わせできる？

㊚：いいよ。映画が始まる50分前に駅で会おう。

㊛：わかったわ。また明日ね！

Question：ダイキとナンシーは何時に駅で待ち合わせますか？

解 説
Explanation

11時に映画が始まる。その50分前に待ち合わせるから，アの「10時10分」だね。fifty「50」は前にアクセント，fifteen「15」は後ろにアクセントがあるよ。

No.4　㊛：ツバサ，これを見て！

それぞれのクラスで1番人気のあるスポーツがわかるわ。

㊚：僕のクラスではサッカーが1番人気だね，メアリー。

㊛：サッカーは私のクラスでも人気よ。

でも，バレーボールの方がもっと人気だわ。

㊚：そうだね。それから，僕のクラスメートの多くはソフトボールをやりたいようだよ。僕もやってみたいな！

㊛：本当？私のクラスではソフトボールをやりたい生徒はいないわ。

Question：メアリーのクラスはどれですか？

ツバサのクラス：
サッカーが1位
ソフトボールが人気

メアリーのクラス：
サッカーよりバレーボールが人気
ソフトボールが0人

 グラフの問題の音声を聞くときは，1番多い(少ない)もの，増加，減少などをメモしよう。
消去法も有効だよ。

日本語訳

No.1　㊛：コウタ，何て素敵な部屋なの！

㊚：ありがとう！これは何か知ってる，ジュディ？

㊛：いいえ。一度も見たことがないわ。テーブルかしら？

㊚：そうだよ，でもこれはただのテーブルではないんだ。

これは冬に僕らを温めてもくれるんだ。

Question：彼らは何について話していますか？

解 説
Explanation

ただのテーブルではなく，温めてくれるもの→「こたつ」だね。

覚えたい表現
Memory work

No.2　(男)：Kate, this is a picture of our music band.

We played some songs at the ★school festival this year.

It was a wonderful time for us!

(女)：You ★look excited, Hiroshi.

Who is the student playing the guitar ★next to you?

(男)：He is Ryosuke. He plays the guitar well, and the other student playing the guitar is Taro.

(女)：I see. The student playing the drums is Takuya, right? ★I hear he ★is good at singing, too.

Question：Which boy is Hiroshi?

★school festival
「学園祭」
★look ～
「～のように見える」
★next to ～
「～のとなりに」

★I hear (that) ～.
「～だそうだ」
★be good at ～ ing
「～することが得意だ」

No.3　It was interesting to know what activity you enjoyed the best in my English class.

I ★was glad to know that ★over ten students chose ★making speeches. Eight students chose reading stories, and ★the same number of students chose writing diaries.

Maybe you can guess the most popular activity among you. It was listening to English songs.

I hope you will ★keep enjoying English.

Question：Which graph is the speaker explaining?

★be glad to ～
「～してうれしい」
★over ～「～以上」
★make a speech
「スピーチをする」
★the number of ～
「～の数」

★keep ～ ing
「～し続ける」

No.4　Look at the graph.

This is a graph of the number of visitors to the art museum which was built in 2014 in our city.

The number kept ★going up until 2016.

But the next year, it ★went down 20%.

The numbers in 2017 and 2018 were the same.

Question：Which graph is the speaker explaining?

★go up 「増加する」

★go down
「減少する」

No.2　　(男)：ケイト，これは僕らの音楽バンドの写真だよ。

　　　　　　　僕らは今年学園祭で何曲か演奏したんだ。

　　　　　　　僕らにとってすばらしい時間だったよ！

　　　　(女)：興奮しているようね，ヒロシ。

　　　　　　　あなたのとなりでギターを弾いているのは誰？

　　　　(男)：彼はリョウスケだよ。彼はギターが上手なんだ，そしてもう1人，ギターを弾いているのがタロウだよ。

　　　　(女)：そうなの。ドラムをたたいているのはタクヤね？

　　　　　　　彼は歌も上手だそうね。

　　　　Question：どの少年がヒロシですか？

No.3　　私の英語の授業の中で，みなさんが何の活動を一番楽しんだかがわかって興味深かったです。

　　　　私は，10人以上の生徒がスピーチをすることを選んでくれたと知って，うれしく思いました。8人の生徒が物語を読むことを選び，同じ人数の生徒が日記を書くことを選びました。

　　　　みなさんのあいだで一番人気があったものはたぶん想像がつくと思います。

　　　　英語の歌を聞くことでした。

　　　　これからもずっと英語を楽しんでほしいです。

　　　　Question：話し手が説明しているのはどのグラフですか？

音声を聞く前にグラフの項目名を見ておこう。
スピーチ：10人以上
物語：8人
日記：物語と同じ人数
英語の歌：最も人気

これらの情報から**ア**を選べるね。

No.4　　グラフを見て下さい。

　　　　これは，2014年に私たちの市に建てられた美術館の，来場者数のグラフです。

　　　　その数は2016年まで増加し続けました。

　　　　しかし，次の年に20%減少しました。

　　　　2017年と2018年は同数でした。

　　　　Question：話し手が説明しているのはどのグラフですか？

増減に着目しよう。
「2016年まで増加」
「2017年と2018年は同数」より，**ウ**だね。

第2章　　　　次の一言

基本問題

解答　No.1　イ　　No.2　ウ　　No.3　イ　　No.4　ア

🔊 放送文　💿5

No.1 　⼥：★Have you ever been to a foreign country?

　　　　⑨：Yes. I went to Australia last year.

　　　　⼥：Oh, I see. <u>How long did you stay there?</u>

| ア　By plane. | ㋑ **For six days.** | ウ　With my family. |

No.2 　⼥：★May I help you?

　　　　⑨：Yes, I'm ★looking for a blue jacket.

　　　　⼥：<u>How about this one?</u>

| ア　Here you are. | イ　I'm just looking. | ㋒ **It's too expensive for me.** |

No.3 　⼥：★What are you going to do this weekend?

　　　　⑨：<u>I'm going to ★go fishing in the sea with my father if it's sunny.</u>

　　　　⼥：Really? That will be fun.

| ア　Sorry, I'm busy. | ㋑ **I hope the weather will be nice.** |
| ウ　Nice to meet you. | |

No.4 　⼥：Hello.

　　　　⑨：Hello, this is Mike. ★May I speak to Yoko?

　　　　⼥：I'm sorry. <u>She isn't at home now.</u>

| ㋐ **OK. I'll call again later.** | イ　Shall I take a message? |
| ウ　Hello, Yoko. How are you? | |

📍 **覚えたい表現**
Memory work

★Have you ever been to 〜?
「〜に行ったことがありますか?」

★May I help you?
「お手伝いしましょうか?／いらっしゃいませ」
★look for 〜
「〜を探す」

★What are you going to do?
「何をするつもりですか?」
★go fishing
「釣りに行く」

★May I speak to 〜?
「(電話で)〜さんをお願いできますか?」

最後の英文をメモできたかな。質問ならばそれに合う答えを選び，質問でなければ，話の流れから考えよう。消去法も有効だよ。

日本語訳

解説
Explanation

No.1　🙎‍♀️：外国に行ったことはある？

　　　　🙎‍♂️：うん。去年，オーストラリアに行ったよ。

　　　　🙎‍♀️：あら，そうなの。そこにはどれくらい滞在したの？

| ア　飛行機だよ。 | イ　6日間だよ。 | ウ　家族と一緒にだよ。 |

最後の英文
How long 〜?
「（期間をきいて）どれくらい〜？」より，
返答はFor 〜.
「〜間です」だね。

No.2　🙎‍♀️：お手伝いしましょうか？

　　　　🙎‍♂️：はい，青いジャケットを探しています。

　　　　🙎‍♀️：こちらはいかがですか？

| ア　はい，どうぞ。 | イ　見ているだけです。 | ウ　私には値段が高すぎます。 |

最後の英文
How about this
one?
「こちらはいかがですか？」より，返答は
ウだね。

No.3　🙎‍♀️：この週末は何をするつもりなの？

　　　　🙎‍♂️：晴れたら，父と海に釣りに行くつもりだよ。

　　　　🙎‍♀️：本当に？それは楽しそうね。

| ア　ごめん，僕は忙しいんだ。　イ　天気が良いことを願うよ。 |
| ウ　会えてうれしいよ。 |

最後の英文が質問ではない。その前に「晴れたら…」と言っているので，話の流れからイだね。

No.4　🙎‍♀️：もしもし。

　　　　🙎‍♂️：もしもし，マイクです。ヨウコさんをお願いできますか？

　　　　🙎‍♀️：ごめんね。彼女は今家にいないわ。

| ア　わかりました。あとでかけ直します。　イ　伝言を預かりましょうか？ |
| ウ　やあ，ヨウコ。元気？ |

電話で相手が不在だった場合，電話をかけた側がよく使う表現を選ぶよ。ふさわしいのはアだね。

練習問題

解答　No.1　エ　　No.2　ウ　　No.3　イ　　No.4　ア

　放送文　◎6

覚えたい表現
Memory work

No.1　男：Hello?

女：This is Natsuki. May I speak to Jim, please?

男：I'm sorry, but ★you have the wrong number.

ア　I don't know your phone number.
イ　I see. Do you want to leave a message?
ウ　Can you ask him to call me?
エ　I'm so sorry.

★You have the wrong number.
「番号が違っています」

No.2　男：Have you finished cooking?

女：No. ★I've just washed the tomatoes and carrots.

男：OK. Can I help you?

ア　Sorry. I haven't washed the tomatoes yet.
イ　I don't think so. Please help me.
ウ　Thanks. Please cut these carrots.
エ　All right. I can't help you.

★I've just＋過去分詞.
「ちょうど〜したところだ」

No.3　女：It's so hot today. Let's have something to drink.

男：Sure. I know a good shop. It ★is famous for fruit juice.

女：Really? ★How long does it take to get there from here by bike?

ア　Ten o'clock in the morning.　イ　Only a few minutes.
ウ　Four days a week.　エ　Every Saturday.

★be famous for 〜
「〜で有名である」
★How long does it take to 〜?
「〜するのにどれくらい時間がかかりますか？」

No.4　男：Whose notebook is this? ★There's no name on it.

女：Sorry, Mr. Jones. It's mine.

男：Oh, Ellen. You should write your name on your notebook.

ア　Sure. I'll do it now.　イ　No. I've never sent him a letter.
ウ　Yes. You found my name on it.　エ　Of course. I finished my homework.

★There is no 〜.
「〜がない」

最後の英文を聞き取って，メモできたかな？質問や提案に対する受け答えを注意深く選ぼう。

日本語訳

解説
Explanation

No.1 男：もしもし？

女：ナツキです。ジムさんをお願いできますか？

男：すみませんが，番号が違っています。

> ア　私はあなたの電話番号を知りません。
> イ　わかりました。伝言を残したいですか？
> ウ　私に電話するよう彼に伝えてくれますか？
> エ　失礼しました。

男性の「番号が違っています」に対して，エ「失礼しました」以外は不適切だね。

No.2 男：料理は終わった？

女：いいえ。ちょうどトマトとニンジンを洗ったところよ。

男：よし，手伝おうか？

> ア　ごめん。私はまだトマトを洗い終えていないの。
> イ　そうは思わないわ。私を手伝って。
> ウ　ありがとう。ニンジンを切って。
> エ　わかったわ。私は手伝えないわ。

男性の提案「手伝おうか？」に対して，ウ「ありがとう。ニンジンを切って」以外は不適切だね。

No.3 女：今日はとても暑いわ。何か飲みましょう。

男：いいね。いい店を知っているよ。フルーツジュースで有名なんだ。

女：本当に？自転車でそこに行くのにどれくらい時間がかかるの？

> ア　午前10時だよ。　イ　ほんの数分だよ。
> ウ　週に４日だよ。　エ　毎週土曜日だよ。

How long does it take to～?「～するのにどれくらい時間がかかりますか？」に対して，イ Only a few minutes.「ほんの数分」以外は不適切だね。

No.4 男：これは誰のノートかな？名前が書いてないな。

女：すみません，ジョーンズ先生。私のです。

男：おお，エレン。ノートには自分の名前を書いておくべきだよ。

> ア　わかりました。すぐにそうします。
> イ　いいえ。彼に手紙を送ったことはありません。
> ウ　はい。あなたはそこに私の名前を見つけましたよね。
> エ　もちろんです。私は宿題を終えました。

先生から「ノートには自分の名前を書いておくべきだよ」と言われたことに対して，ア「わかりました。すぐにそうします」以外は不適切だね。

第3章　　　対話や英文と質問（1つ）

基本問題

解答　No.1　エ　　No.2　ア　　No.3　ウ

No.1　Mike finished his homework.

He was very hungry.

His mother said, "Dinner ★is ready.

Please ★tell Dad to come to the dining room."

So he went to his father.

Question：What is Mike's mother going to do?

ア　She is going to do Mike's homework with her husband.
イ　She is going to cook dinner in the dining room.
ウ　She is going to go to the dining room with Mike.
エ　She is going to eat dinner with her husband and Mike.

No.2　⦿：Tom, how's the pizza?

⦿：It's delicious, Lisa. I like your pizza very much.

⦿：Thank you. ★Would you like some more?

Question：What will Tom say next?

ア　Yes, please. I want more.　　イ　Help yourself, Lisa.
ウ　I'm sorry. I can't cook well.　　エ　Of course. You can take it.

No.3　⦿：I want this black pen . ★How much is it?

⦿：Now we're having a sale. It's 1,500 yen this week.

⦿：I'll take it. It's a birthday present for my father.

Question：Where are they?

ア　They are in the nurse's office.　　イ　They are in the library.
ウ　They are at a stationery shop.　　エ　They are at a birthday party.

★be ready
「準備ができている」
★tell＋人＋to ～
「（人）に～するように言う」

★Would you like some more?
「もう少しいかが？」
（食べ物などを勧めるときの表現）

★How much ～？
「～はいくらですか？」

- 15 -

選択肢を読み比べておくと，誰の何について質問されるかをある程度予想できるよ。対話を聞きながら，人の名前や行動などをメモしよう。

日本語訳

解 説
Explanation

No.1　マイクは宿題を終えました。

彼はとてもお腹がすいていました。

母親が言いました。「夕食の準備ができたわ。

お父さんにダイニングに来るように言って」

それで彼は父親のところに行きました。

Question：マイクの母親は何をするつもりですか？

> ア　彼女は夫と一緒にマイクの宿題をするつもりです。
> イ　彼女はダイニングで夕食を作るつもりです。
> ウ　彼女はマイクとダイニングに行くつもりです。
> ㋤　彼女は夫とマイクと一緒に夕食を食べるつもりです。

マイク：宿題が終わった。おなかがすいた。父親を呼びに行く。
母親：夕食の準備ができた。
つまり，これから3人で夕食を食べるので，エだね。

No.2　㊛：トム，ピザはどう？

㊚：おいしいよ，リサ。僕は君のピザが大好きだよ。

㊛：ありがとう。もう少しいかが？

Question：トムは次に何を言うでしょうか？

> ㋐　うん，お願い。もっとほしい。　　イ　自由に取ってね，リサ。
> ウ　ごめん。うまく料理できないんだ。　エ　もちろん。取っていいよ。

リサがトムに「もう少しいかが？」と勧めているので，アだね。

No.3　㊛：私はこの 黒いペン を買いたいです。おいくらですか？

㊚：ただいまセール中です。今週は1500円です。

㊛：それをいただきます。父への誕生日プレゼントなんです。

Question：彼らはどこにいますか？

> ア　彼らは保健室にいます。　　イ　彼らは図書館にいます。
> ㋤　彼らは文具店にいます。　　エ　彼らは誕生日会にいます。

黒いペンを売っている店だから，ウのstationery shop「文具店」だね。

練習問題

解答　No.1　ア　　No.2　イ　　No.3　ア　　No.4　イ

 放送文　

No.1　(男)：I'm going to buy a birthday present for my sister.
Lisa, can you go with me?

(女)：Sure, Ken.

(男)：★Are you free tomorrow?

(女)：Sorry, I can't go tomorrow. When is her birthday?

(男)：Next Monday. Then, how about this Saturday or
Sunday?

(女)：Saturday is fine with me.

(男)：Thank you.

(女)：What time and where shall we meet?

(男)：How about at eleven at the station?

(女)：OK. See you then.

Question：When are Ken and Lisa going to buy a birthday
present for his sister?

★Are you free?
「(時間が)空いている？」

ⓐ This Saturday.　イ　This Sunday.　ウ　Tomorrow.　エ　Next Monday.

No.2　(女)：Hello?

(男)：Hello. This is Tom. Can I speak to Eita, please?

(女)：Hi, Tom. I'm sorry, he ★is out now.
Do you ★want him to call you later?

(男)：Thank you, but I have to go out now. ★Can I leave a
message?

(女)：Sure.

(男)：Tomorrow we are going to do our homework at my
house. ★Could you ask him to bring his math
notebook?
I have some questions to ask him.

(女)：OK, I will.

Question：What does Tom want Eita to do?

★be out
「外出している」
★want＋人＋to ～
「(人)に～してほしい」
★Can I leave a
message?
「伝言をお願いできま
すか？」

★Could you ～？
「～していただけま
せんか？」

ア　To do Tom's homework.　ⓘ　To bring Eita's math notebook.
ウ　To call Tom later.　エ　To leave a message.

音声を聞く前に選択肢を読み比べて，質問される人や内容を考えておこう。対話が長いので，ポイントをしぼってメモをとろう。

日本語訳

No.1 　男：姉(妹)の誕生日プレゼントを買おうと思っているんだ。リサ，一緒に来てくれない？

　　　　女：いいわよ，ケン。

　　　　男：明日は空いてる？

　　　　女：ごめんね，明日は行けないわ。彼女の誕生日はいつ？

　　　　男：次の月曜日だよ。じゃあ，この土曜日か日曜日はどう？

　　　　女：土曜日は都合がいいわ。

　　　　男：ありがとう。

　　　　女：何時にどこで待ち合わせる？

　　　　男：11時に駅でどうかな？

　　　　女：ええ。じゃあそのときね。

Question：ケンとリサはいつ彼の姉(妹)の誕生日プレゼントを買うつもりですか？

⑦　この土曜日。　　イ　この日曜日。　　ウ　明日。　　エ　次の月曜日。

解説

選択肢より，曜日に注意してメモをとろう。This Saturday.「この土曜日」の**ア**だね。

No.2 　女：もしもし？

　　　　男：もしもし。トムです。英太さんをお願いできますか？

　　　　女：こんにちは，トム。ごめんね，彼は今外出しているわ。あとでかけ直すようにしましょうか？

　　　　男：ありがとうございます，でもすぐに外出しないといけないんです。伝言をお願いできますか？

　　　　女：いいわよ。

　　　　男：明日，僕の家で一緒に宿題をすることになっています。数学のノートを持ってくるよう彼に頼んでいただけませんか？彼にいくつか尋ねたいことがあるんです。

　　　　女：わかったわ，伝えておくわ。

Question：トムが英太にしてほしいことは何ですか？

ア　トムの宿題をすること。　　イ　数学のノートを持ってくること。
ウ　あとでトムに電話すること。　　エ　伝言を残すこと。

選択肢より，英太がトムに対してすること(トムが英太にしてほしいこと)を選ぼう。トムは3回目の発言で**イ**の内容の伝言を伝えたんだね。

No.3　 **女**：Hi, Mike. ★What kind of book are you reading?

　　　　 男：Hi, Rio. It's about *ukiyoe* pictures. I learned about them last week.

　　　　 女：I see. You can see *ukiyoe* in the city art museum now.

　　　　 男：Really? I want to visit there.

　　　　　　 In my country, there are some museums that have *ukiyoe*, too.

　　　　 女：Oh, really? I ★am surprised to hear that.

　　　　 男：I have been there to see *ukiyoe* once.

　　　　　　 I want to see them in Japan, too.

　　　　 女：I went to the city art museum last weekend.

　　　　　　 It was very interesting. You should go there.

　　 Question：Why was Rio surprised?

> ⑦ Because Mike said some museums in his country had *ukiyoe*.
> イ Because Mike learned about *ukiyoe* last weekend.
> ウ Because Mike went to the city art museum in Japan last weekend.
> エ Because Mike didn't see *ukiyoe* in his country.

No.4　 **女**：Hello, Hiroshi. How was your holiday?

　　　　 男：It was great, Lisa. I went to Kenroku-en in Kanazawa. It is a beautiful Japanese garden.

　　　　 女：How did you go there?

　　　　 男：I took a train to Kanazawa from Toyama.

　　　　　　 Then I wanted to take a bus from Kanazawa Station, but there were many people. So I ★decided to walk.

　　　　 女：Oh, really? How long did it take ★from the station to Kenroku-en?

　　　　 男：About 25 minutes. I saw many people from other countries.

　　　　 女：I see. Kanazawa is an ★international city.

　　 Question：Which is true?

> ア It took about 25 minutes from Toyama to Kanazawa.
> ④ **Hiroshi walked from Kanazawa Station to Kenroku-en.**
> ウ Hiroshi went to many countries during his holiday.
> エ Hiroshi took a bus in Kanazawa.

覚えたい表現
Memory work

★What kind of 〜?
「どんな種類の〜？」

★be surprised to 〜
「〜して驚く」

★decide to 〜
「〜することに決める／決心する」
★from A to B
「AからBまで」

★international
「国際的な」

No.3

女：こんにちは，マイク。どんな本を読んでいるの？

男：やあ，リオ。浮世絵についての本だよ。先週それらについて学んだんだ。

女：そうなの。今，市立美術館で浮世絵を見ることができるよ。

男：本当に？そこに行きたいな。
僕の国にも，浮世絵のある美術館があるよ。

女：え，本当に？それを聞いて 驚いた わ。

男：僕は一度そこに浮世絵を見に行ったことがあるよ。
日本でも見たいな。

女：先週末，市立美術館に行ったの。
とても面白かったわ。あなたも行くべきよ。

Question：なぜリオは驚きましたか？

ⓐ マイクが彼の国の美術館に浮世絵があると言ったから。
イ マイクが先週末に浮世絵について学んだから。
ウ マイクが先週末に日本の市立美術館に行ったから。
エ マイクが彼の国で浮世絵を見なかったから。

解説
Explanation

選択肢が全て
Because Mike ～.
マイクが言ったことは
・浮世絵についての本を読んでいる。
・浮世絵のある美術館が自国にもある。
・自国の美術館に浮世絵を見に行ったことがある。
・日本でも浮世絵を見たい。
質問は「リサが驚いた理由」だから，アだね。

No.4

女：こんにちは，ヒロシ。休みはどうだった？

男：すばらしかったよ，リサ。金沢の兼六園に行ったよ。
美しい日本庭園だよ。

女：そこにはどうやって行ったの？

男：富山から金沢まで電車に乗ったよ。
そして金沢駅からはバスに乗りたかったけれど，とてもたくさんの人がいたんだ。それで僕は歩くことにしたよ。

女：まあ，本当？駅から兼六園までどれくらい時間がかかったの？

男：約25分だよ。外国から来たたくさんの人を見たよ。

女：なるほど。金沢は国際都市ね。

Question：どれが正しいですか？

ア 富山から金沢まで約25分かかった。
ⓘ ヒロシは金沢駅から兼六園まで歩いた。
ウ ヒロシは休みの間にたくさんの国に行った。
エ ヒロシは金沢でバスに乗った。

選択肢から以下のキーワードにしぼって，音声の同様の単語に注意しよう。
ア 25 minutes
イ walk
ウ many countries
エ bus
アはヒロシの3回目，イ，エは2回目の発言にあるけど，ウは音声にはないね。ヒロシは金沢駅から兼六園まで歩いたので，イだね。

第4章　　　語句を入れる

基本問題

解答　No.1　（ア）土　（イ）2時30分　（ウ）青

　　　No.2　（ア）博物館〔別解〕美術館　（イ）150　（ウ）生活〔別解〕暮ら

放送文

No.1

女：David, the festival will ★be held ｱfrom Friday to Sunday, right?

男：Yes, Kyoko. I'm going to join the dance event at the music hall ｱ★on the second day.

女：That's great! Can I join, too?

男：Sure. It will start at ｲthree in the afternoon.
Let's meet there ｲ30 minutes before that.
We will wear ｳblue T-shirts when we dance.
Do you have one?

女：Yes, I do. I'll bring it.

No.2

男：What is this building, Kate? It looks very old.

女：This is a ｱmuseum, Eita.
It was built about ｲ150 years ago and used as a school.

男：What can we see here?

女：You can see how people ｳlived ★a long time ago.
★Shall we go inside now?

男：OK. Let's go.

覚えたい表現 Memory work

★be held
「開催される」

★on the second day「2日目に」

★a long time ago
「昔」
★Shall we ～?
「（一緒に）〜しましょうか？」

音声を聞く前に空欄を見て，どのような語句が入るか予想しよう。数を聞き取る問題は，アクセントに注意しよう。

日本語訳

No.1
女：デイビッド，お祭りは ｱ 金曜日から日曜日まで 開催されるのよね？

男：そうだよ，教子。僕は ｱ 2日目に 音楽ホールで行われるダンスイベントに参加する予定だよ。

女：いいわね！私も参加していい？

男：いいよ。それは午後 ｲ 3時 に始まるよ。
ｲ 30分前（＝午後2時30分） に現地で待ち合わせしよう。
僕らはダンスをするときに ｳ 青いTシャツ を着るんだ。持っている？

女：ええ，持っているわ。それを持っていくね。

No.2
男：この建物は何だろう，ケイト？とても古そうだね。

女：これは ｱ 博物館 よ，英太。
約 ｲ 150 年前に建てられて，学校として使われたの。

男：ここでは何を見ることができるの？

女：昔の人々がどのように ｳ 生活していた かを見られるわ。では中に入りましょうか？

男：うん。行こう。

解説
Explanation

お祭り：
金曜日〜日曜日
ダンスイベント：
2日目
開始時刻：午後 3 時
集合時刻：30分前
Tシャツの色：青色

ア
museum「博物館／美術館」を聞き取ろう。
イ
one hundred and fifty（＝150）
fiftyのアクセントに注意。fiftyのアクセントは前にあるよ。
ウ
how以下が間接疑問。lived「生活していた」を聞き取ろう。

練習問題

解答　No.1　（ア）Sunday　（イ）11 (in the morning)　No.2　（ア）learn　（イ）Thursday

 放送文 10

No.1

男：Hi, Lisa. This is Mike. How's everything?

女：Great, thanks. *What's up?

★What's up?
「どうしたの？」

男：My brother is coming to Fukuoka next Friday and will stay here for three weeks.

How about going to a ramen shop together?

He has wanted to eat ramen in Fukuoka *for a long time.

★for a long time
「長い間／ずっと」

女：Oh, there's a good ramen shop near my house.

Let's go there.

男：That's great. He will be glad to hear that.

When and where shall we meet?

女：Can you come to my house at ｲ eleven in the morning next Saturday?

Then we can walk to the ramen shop together.

男：I'm sorry, I can't. I'm busy until three in the afternoon that day.

How about *ｲ the same time next ｱ Sunday ?

★the same time
「同じ時間」
★invite ～
「～を招く／誘う」

女：All right. Can I *invite my friend Nancy?

男：Sure. See you then. Bye.

No.2

男：Thank you for coming to our concert today, Aya. How was it?

女：Wonderful! Everyone was great. You especially played the violin very well, James. I really enjoyed the concert.

男：I'm glad to hear that.

女：I want to play the violin, too. ｱ Can you teach me *how to play it ?

★how to ～
「～する方法」

男：ｱ Sure. ｲ I'm free every Thursday.

Please come to my house and we can practice together.

女：That's nice! Can I visit you next ｲ Thursday ?

男：Of course.

音声で流れない語句を答えなくてはならない場合もあるよ。そのようなときは，前後の内容から考えて語句を導き出そう。

日本語訳

解説
Explanation

No.1
(男)：もしもし，リサ。マイクだよ。元気？

(女)：元気よ。どうしたの？

(男)：兄(弟)が今度の金曜日に福岡に来て，３週間いるんだ。
一緒にラーメン屋に行かない？
兄(弟)がずっと福岡のラーメンを食べたいって言っててさ。

(女)：それなら家の近くにおいしいラーメン屋があるわよ。
そこに行こうよ。

(男)：やったあ。兄(弟)もそれを聞いたら喜ぶよ。
いつどこで待ち合わせをしようか？

(女)：今度の土曜日，ₐ午前11時 に私の家に来られる？
歩いて一緒にラーメン屋まで行けるわ。

(男)：ごめん，無理だ。その日は午後３時まで忙しいんだ。
今度の ア日曜日 の イ同じ時間 はどう？

(女)：いいわよ。友達のナンシーも誘っていい？

(男)：もちろんだよ。じゃあそのときね。バイバイ。

ラーメン屋に行く曜日と時間を答える問題だね。
リサ：土曜日午前11時を提案。
マイク：日曜日の同じ時間を提案。

No.2
(男)：今日はコンサートに来てくれてありがとう，アヤ。どうだった？

(女)：素敵だったわ！みんな上手だった。特にあなたはバイオリンをとても上手に演奏していたね，ジェームス。
本当にいいコンサートだったわ。

(男)：それを聞いてうれしいよ。

(女)：私もバイオリンを弾いてみたいわ。ア弾き方を教えてくれない？

(男)：ァいいよ。ィ毎週木曜日は時間があるよ。
僕の家においでよ，それなら一緒に練習できるよ。

(女)：ありがとう！次の 木曜日 に行ってもいい？

(男)：もちろんだよ。

ア
ジェームスはアヤにバイオリンを教える＝アヤはジェームスからバイオリンを学ぶ。learn「学ぶ」が適切だよ。音声で流れない単語を書く難問だね。practice を入れると後ろのfrom youと合わないから不適切だね。

イ
Thursday「木曜日」を聞き取ろう。

- 24 -

第5章　　　　対話と質問（複数）

基本問題

解答　No.1　イ　　　No.2　ア　　　No.3　イ　　　No. 4　ア

 放送文　

男：Hello, Ms. Brown.

女：Hi, Kenji. You don't look well today. ★What happened?

男：Last week we had a basketball game.

I was ★so nervous that I couldn't play well.

No.1 イ Finally, our team lost the game.

女：Oh, I understand how you feel.

I played basketball for ten years in America.

I felt nervous during games, too.

男：Oh, did you? No.2 ア I always ★feel sorry for my friends in my team when I make mistakes in the game.

女：Kenji, I had the same feeling. When I made a mistake in the game, I ★told my friends that I was sorry.

But one of my friends said, "Don't feel sorry for us. We can ★improve by making mistakes. You can try again!"

She told me with a big smile.

Her words and smile ★encouraged me.

★Since then, I have ★kept her words in mind.

男：Thank you, Ms. Brown. I learned a very important thing from you. No.4 ア Now I believe that I can improve my basketball skills by making mistakes.

女：Great, Kenji! I'm glad to hear that. No.3 イ When is your next game?

男：Oh, No.3 イ it's in November. Please come to watch our game!

女：Sure. I'm ★looking forward to seeing it. Good luck.

男：Thank you, Ms. Brown. I'll ★do my best.

覚えたい表現
Memory work

★What happened?
「何かあった？」

★so…that ～
「とても…なので～」

★feel sorry for ～
「～に申し訳なく思う」

★tell＋人＋that ～
「（人）に～と言う」

★improve
「上達する」

★encourage ～
「～を励ます」
★since then
「それ以来」
★keep ～ in mind
「～を心に留める」

★look forward to
～ing
「～することを楽しみにする」
★do one's best
「ベストを尽くす」

音声を聞く前に問題文や選択肢を読んでおこう。対話が長いので，集中力を切らさず，答えに関する内容を正しく聞き取ってメモしよう。

日本語訳

男：こんにちは，ブラウン先生。

女：あら，ケンジ。今日は元気がないわね。何かあった？

男：先週，バスケットボールの試合がありました。

とても緊張してうまくプレーできなかったんです。

No.1 ィ 結局，僕らのチームは試合に負けてしまいました。

女：まあ，私はあなたの気持ちがわかるわ。

私はアメリカで10年間バスケットボールをしていたの。

私もゲーム中に緊張していたわ。

男：先生もですか？ No.2 ァ 僕は試合でミスをしたとき，いつもチームの友達に申し訳なく思います。

女：ケンジ，私も同じ気持ちだったわ。試合で自分がミスをしたとき，友達に謝っていたの。

でも，友達の１人が，「申し訳なく思うことはないわ。

私たちはミスをすることで上達するの。

また挑戦すればいいのよ！」と満面の笑みで言ってくれたのよ。

彼女の言葉と笑顔に励まされたわ。

それ以来，彼女の言葉を心に留めているの。

男：ありがとうございます，ブラウン先生。僕は先生からとても大切なことを学びました。No.4 ァ 今はミスをすることによってバスケットボールの技術を上達させられると信じています。

女：すごい，ケンジ！それを聞いてうれしいわ。No.3 ィ 次の試合はいつ？

男：ああ，No.3 ィ 11月にあります。僕たちの試合を見に来てください！

女：いいわ。試合を見るのを楽しみにしているわ。がんばってね。

男：ありがとうございます，ブラウン先生。ベストを尽くします。

解説
Explanation

・先週の試合でケンジのチームは 負け た。

・ブラウン先生は アメリカ で10年間バスケットボールをしていた。

・ケンジはミスをすると 友達 に 申し訳ない と思う。

・ブラウン先生はミスをすると 友達 に 謝って いた。

・しかし，ブラウン先生の友達がまた 挑戦 すればいいと言った。その 言葉 と 笑顔 に励まされた。

・ケンジはブラウン先生からとても 大切 なことを学んだ。今ではミスをすることで バスケットボール の技術が 上達 すると信じている。

・ケンジの次の 試合 は 11 月にある。

・ブラウン先生は 試合 を楽しみにしている。

・ケンジは ベストを尽くす つもりだ。

練習問題

解答 No.1 イ　　No.2 イ　　No.3 エ　　No.4 エ

 放送文　 *12*

女：Hi, Daiki. What will you do during the spring vacation?

男：My family will spend five days in Tokyo with my friend, Sam.
He is a high school student from Sydney. I met him there.

女：I see. No.1 イ Did you live in Sydney?

男：No.1 イ Yes. My father worked there when I was a child.
Sam's parents *asked my father to take care of Sam in Japan.
No.2 イ He will come to my house in Osaka next week.

女：Has he ever visited Japan?

男：No, he hasn't. I haven't seen him for a long time, but we
often send e-mails to *each other.

女：How long will he stay in Japan?

男：For ten days. No.3 エ Have you ever been to Tokyo, Cathy?

女：No.3 エ No, but I'll visit there this May with my friend, Kate.
She lives in America. Do you often go to Tokyo?

男：Yes. My grandmother lives there.
We will visit the zoo and the museum with her.
We will also go shopping together.

女：*That sounds good. Sam will be very glad.

男：I hope so. Well, I sent him a book about Tokyo which has
*a lot of beautiful pictures.

女：Cool. I also want to give a book like that to Kate because
No.4 エ she likes taking pictures of beautiful places.
*Actually, she has been to many foreign countries to take
pictures.

男：That's interesting. I like taking pictures, too.
So I want to see the pictures she took in other countries.

女：OK. I'll tell her about that.

男：Thank you.

Question No.1：Where did Daiki live when he was a child?

Question No.2：Who will come to Daiki's house next week?

Question No.3：Has Cathy visited Tokyo before?

Question No.4：What does Kate like to do?

覚えたい表現
Memory work

★ask＋人＋to～
「（人）に～するよう
に頼む」

★each other
「お互いに」

★That sounds
good.
「それはいいね」
★a lot of ～
「たくさんの～」

★actually
「実際に／実は」

ダイキとキャシーの対話。ダイキの友達のサムと，キャシーの友達のケイトも出てくるよ。
音声を聞きながら，誰が何をしたかをメモしよう。

日本語訳

解説
Explanation

女：こんにちは，ダイキ。春休みは何をするの？

男：家族で，友達のサムと一緒に東京に5日間滞在するよ。サムはシドニー出身の高校生だよ。僕はシドニーで彼と知り合ったんだ。

女：そうなんだ。 No.1 ィ あなたはシドニーに住んでいたの？

男：No.1 ィ そうだよ。僕が子どものころ，父がシドニーで働いていたんだ。サムの両親が，日本に行くサムの面倒を見てくれるよう父に頼んだんだよ。
　No.2 ィ サムは来週，大阪の我が家に来るよ。

女：彼は日本に来たことがあるの？

男：ないよ。僕も長いこと彼に会っていないんだ，でもお互いによくメールを送り合っているよ。

女：彼は日本にどのくらい滞在するの？

男：10日間だよ。No.3 ェ キャシーは東京に行ったことある？

女：No.3 ェ いいえ，でも友達のケイトと，今年の5月に行くつもりよ。彼女はアメリカに住んでいるわ。あなたはよく東京に行くの？

男：うん。祖母が住んでいるんだ。
　僕たちは，祖母と一緒に動物園と博物館に行く予定だよ。
　それから一緒に買い物にも行くつもりなんだ。

女：それはいいわね。サムはとても喜ぶと思うわ。

男：そうだといいな。そういえば，僕はサムに，素敵な写真がたくさん載っている東京に関する本を送ったんだよ。

女：いいわね。私もそういう本をケイトに送りたいわ，No.4 ェ 彼女は美しい場所の写真を撮るのが好きだから。
　実は，彼女は写真を撮るためにたくさん外国に行っているのよ。

男：それは興味深いな。僕も写真を撮るのが好きだよ。
　だから彼女が外国で撮った写真を見たいな。

女：わかった。彼女にそう伝えておくわ。

男：ありがとう。

Question No.1：ダイキは子どものころ，どこに住んでいましたか？

Question No.2：来週，誰がダイキの家に来ますか？

Question No.3：キャシーは以前，東京に行ったことがありますか？

Question No.4：ケイトは何をするのが好きですか？

No.1
ダイキについての質問だね。ダイキは幼少期にシドニーに住んでいたと言っているね。

No.2
ダイキの家に来るのは，ダイキの友達のサムだね。

No.3
キャシーは，東京に行く予定はあるけれど，まだ行ったことはないと言っているね。Has Cathy ～？と聞かれたから，No, she hasn't. と答えよう。

No.4
キャシーが友達のケイトの好きなことを紹介しているね。

第6章　　　英文と質問（複数）

基本問題

解答　No.1　ア　　No.2　エ　　No.3　ウ

Today is the last day before summer vacation.

From tomorrow, you'll have twenty-five days of vacation and I'll give you some homework to do.

For your homework, you must write a report about the problems in the ★environment and you must use ★more than one hundred English words.

We've ★finished reading the textbook about the problems in the environment.

So, No.1 ア in your report, you must write about ★one of the problems in the textbook that is interesting to you.

★The textbook says that there are many kinds of problems like water problems or fires in the mountains.

No.2 エ The textbook also says that everyone in the world must continue thinking about ★protecting the environment from these problems.

If you want to know more about it, use the Internet or books in the city library.

No.3 ウ Please give me your report at the next class.

I hope you enjoy this homework and have a good vacation.

★environment
「環境」
★more than ～
「～以上」
★finish ～ ing
「～し終える」

★one of ～
「～の１つ」

★the textbook says
(that) ～「教科書には～と書いてある」

★protect A from B
「BからAを守る」

音声を聞く前に，問題文，質問，選択肢の内容から，聞き取るべきキーワードをイメージできたかな？それらのキーワードに関連する部分を中心にメモをとろう。

日本語訳

今日は夏休み前の最終日です。

明日からみなさんは25日間の休暇に入るので，宿題を出します。

みなさんは宿題として，環境問題についてのレポートを書いてください，なお，英単語を100語以上使わなければいけません。

私たちは環境問題についての教科書を読み終えました。

ですから_{No.1 ア}レポートでは，教科書の中で自分の興味がある問題の1つについて書いてください。

教科書には，水問題や山火事のような，多くの種類の問題があると書いてあります。

_{No.2 エ}また，教科書には，世界中の誰もが，これらの問題から環境を守ることを考え続けなければいけない，とも書いてあります。

もっと詳しく知りたい人は，インターネットや市立図書館にある本を利用してください。

_{No.3 ウ}レポートは，次の授業で私に提出してください。

みなさんがこの宿題を楽しみ，良い休暇を過ごすことを願っています。

解説
Explanation

・夏休み前の最終日。明日から25日間の休みに入る。

・環境問題についてのレポートを書く。英単語を100語以上使う。

・環境問題についての教科書を読み終えた。

・教科書の中で興味がある問題を選ぶ。

・教科書には世界中の誰もが環境を守ることについて考え続けなければならないと書いてある。

・詳しく知りたい人はインターネットや市立図書館の本を利用する。

・次の授業でレポートを提出する。

練習問題

 放送文　14

> 覚えたい表現
> Memory work

Today, I'll tell you about my grandmother's birthday party.

Before her birthday, I talked about a birthday present for her with my father and mother.

My father said, "Let's go to a cake shop and buy a birthday cake."

No.1 イ My mother said, "That's a good idea. I know a good cake shop." But when I saw my bag, I had another idea. I said, "No.2 エ My grandmother made this bag ★as my birthday present last year, so I want to make a cake for her."

They agreed.

★as ～「～として」

No.3 ウ On her birthday, I started making the cake at nine in the morning. My father and mother helped me because that was ★my first time. I finished making it at one in the afternoon.

We visited my grandmother at six and started the party for her.

First, we enjoyed a special dinner with her.

After that, I showed her the cake.

When she saw it, she said, "Wow, did you make it? I'm so happy. Thank you, Kyoko."

I ★was happy to hear that.

★my first time
「(私にとって)初め
てのこと」

No.4 イ Then we ★sang a birthday song for her and ate the cake with her. I'll never forget that wonderful day.

★be happy to ～
「～してうれしい」
★sang
sing「歌う」の過去形

Question No.1 : Who knew a good cake shop?

Question No.2 : Why did Kyoko want to make a cake for her grandmother?

Question No.3 : ★How many hours did Kyoko need to make the cake?

Question No.4 : What did Kyoko do at her grandmother's birthday party?

★How many
hours ～ ?
「何時間～?」

選択肢から，No.1は人物，No.2は理由，No.3は時間，No.4は行動についての質問だと推測できるね。関連部分の音声に注意しながら聞き取ってメモをし，質問にそなえよう。

日本語訳

今日は，私の祖母の誕生日パーティーについて話そうと思います。

誕生日の前に，私は，祖母にあげる誕生日プレゼントについて両親と話しました。

父は，「ケーキ屋に行って誕生日ケーキを買おう」と言いました。

No.1 ィ母は，「いい考えね。私はおいしいケーキ屋を知っているわ」と言いました。しかし私は，自分のバッグを見て別の考えが浮かびました。

「No.2 ェおばあちゃんは去年，私の誕生日プレゼントとしてこのバッグを作ってくれたの。だから私はケーキを作りたいわ」と私は言いました。両親も賛成してくれました。

No.3 ゥ誕生日当日，私は午前9時からケーキを作り始めました。ケーキ作りは初めてのことだったので，両親が手伝ってくれました。私は午後1時にケーキを作り終えました。

私たちは6時に祖母の家に行き，パーティーを始めました。

まず，一緒にごちそうを楽しみました。

その後，私は祖母にケーキを見せました。

それを見ると，祖母は，「まあ，自分で作ったの？とってもうれしいわ。ありがとう，教子」と言いました。

私はそれを聞いてうれしくなりました。

No.4 ィそれから私たちは，祖母のために誕生日の歌を歌って，一緒にケーキを食べました。私はあの素晴らしい日を決して忘れません。

Question No.1：おいしいケーキ屋を知っていたのは誰ですか？

Question No.2：教子はなぜ祖母にケーキを作ってあげたかったのですか？

Question No.3：教子はケーキを作るのに何時間かかりましたか？

Question No.4：教子は祖母の誕生日パーティーで何をしましたか？

No.1
おいしいケーキ屋を知っていた人は，ケーキを買おうと言ったお父さんではないよ。教子のお母さんだね。

No.2
おばあちゃんがバッグを作ってくれたから，自分も手作りのものをあげたいと思ったんだね。

No.3
午前9時から午後1時までだから，4時間だね。

No.4
教子が話したのは，イの「祖母のために両親と誕生日の歌を歌った」だね。

第7章　　　　作　文

基本問題

解答　**No.1**　（例文）We can give her some flowers.

　　　No.2　（例文）I can play soccer with him. It's bcause I can talk with him in Japanese while we are playing soccer.

 放送文　

No.1　女：Hi, John. Do you know our classmate Eiko will leave Tokyo and live in Osaka from next month?

　　　　We have to *say goodbye to her soon.

　　　男：Really, Kyoko? I didn't know that. I'm very sad.

　　　女：Me, too. Well, <u>let's do something for Eiko</u>.

　　　　<u>What can we do</u>?

　　　男：（　　　　　）

No.2　Hello, everyone.

Next week a student from Australia will come to our

class and study with us for a month.

His name is Bob.

He wants to enjoy his stay.

<u>He likes sports very much and wants to learn Japanese</u>.

<u>Please tell me what you can do for him and why</u>.

覚えたい表現
Memory work

★say goodbye to ～
「～にさよならを言う」

- 33 -

No.1では引っ越すクラスメートに，No.2ではオーストラリアからの留学生に対してできることを英文で書くよ。間違えずに書ける単語や表現を使って短くまとめよう。

日本語訳

No.1　㊛：こんにちは，ジョン。クラスメートのエイコが東京を去り，

　　　　来月から大阪に住むことになったって知ってる？

　　　　もうすぐさよならを言わなければならないわ。

　　㊚：本当に，教子？それは知らなかったよ。とても悲しいね。

　　㊛：私もよ。エイコのために何かしましょう。

　　　　何ができるかしら？

　　㊚：（　　　　　）

No.2　みなさん，こんにちは。

　　来週，オーストラリアから1人の留学生がこのクラスに来て，

　　一緒に1か月間勉強する予定です。

　　彼の名前はボブです。

　　彼はこの滞在を楽しみたいと思っています。

　　彼はスポーツが大好きで，日本語を学びたいと思っています。

　　あなたが彼のためにできることと，その理由を教えてください。

解説
Explanation

No.1
東京から大阪へ引っ越すクラスメートにしてあげられることを書こう。
（例文の訳）
「花束をあげることができるね」
「(人)に(もの)をあげる」＝give＋人＋もの

No.2
スポーツが大好きで日本語を学びたい留学生のためにできることと，その理由を書こう。
（例文の訳）
「僕は彼と一緒にサッカーをすることができます。サッカーをしながら，彼と日本語で話をすることができるからです」

練習問題

解答　No.1　ウ　　　No.2　They should tell a teacher.

No.3　（例文）I want to go to America because there are a lot of places to visit.

 放送文

★Welcome to our school. I am Lucy, a second-year student of this school. We are going to show you around our school today. Our school was built in 2019, so it's still new.

Now we are in the gym.

We will start with the library, and I will ★show you how to use it. Then we will look at classrooms and the music room, and _{No.1 ウ}we will finish at the lunch room. There, you will meet other students and teachers.

After that, we are going to have ★a welcome party.

There is something more I want to tell you.

We took a group picture ★in front of our school.

_{No.2}If you want one, you should tell a teacher tomorrow.

Do you have any questions?

Now let's start.

Please come with me.

Question No.1：Where will the Japanese students meet other students and teachers?

Question No.2：If the Japanese students want a picture, what should they do tomorrow?

Question No.3：If you study abroad, what country do you want to go to and why?

覚えたい表現
Memory work

★Welcome to ～ .
「～へようこそ」

★show＋人＋もの
「(人)に(もの)を見せる」

★a welcome party「歓迎会」

★in front of ～
「～の前で」

「…ので〜したい」＝I want to 〜 because …. は英作文でよく使う形なので覚えておこう。

日本語訳

解説
Explanation

私たちの学校へようこそ。私はルーシー，この学校の２年生です。

今日はみなさんに学校を案内します。

私たちの学校は2019年に建てられました，ですからまだ新しいですね。

私たちは今，体育館にいます。

まず図書館から始めましょう，その使い方を教えます。

それから，教室と音楽室を見て，No.1 ゥ最後に食堂を見ます。そこで，みなさんは他の生徒や先生と対面することになっています。

その後，歓迎会をする予定です。

みなさんにお伝えしたいことがもう少しあります。

校舎の前でグループ写真を撮りましたね。

No.2 その写真が欲しい人は，明日先生に申し出てください。

何か質問はありますか？

では行きましょう。

私についてきてください。

No.1
他の生徒や先生と対面する場所は食堂＝the lunch roomだから，**ウ**だね。

No.2
Ifで始まる文の後半の内容を答えればいいね。

Question No.1：日本の生徒はどこで他の生徒や先生と会いますか？

Question No.2：日本の生徒は写真が欲しい場合，明日何をすべきですか？

Question No.3：もしあなたが留学するなら，どの国に行きたいですか，そしてそれはなぜですか？

No.3
したいこととその理由を答えるときは，I want to 〜 because …. の形を使おう。
（例文の訳）
「訪れるたくさんの場所があるので，私はアメリカに行きたいです」

P3	What do you want to do in the future?	あなたは将来何をしたいですか？
	by bike	自転車で
	Can you ～?	～してくれませんか？
	Can I ～?	～してもいいですか？
	look at ～	～を見る
	have to ～	～しなければならない
P5	What's the matter?	どうしたの？
	last night	昨夜
	go to bed	寝る
	get up	起きる
	for ～（期間を表す言葉）	～の間
	stop ～ing	～することをやめる
	How about ～?	～はどうですか？
	Thank you for ～ing.	～してくれてありがとう
	for ～（対象を表す言葉）	～のために
P7	What time shall we meet?	何時に待ち合わせる？
	the ＋最上級＋ in ＋○○	○○の中で最も…
	no ＋人	（人）が１人も～ない
	I've never ～.	私は一度も～したことがない
	keep ＋人／もの＋状態	（人／もの）を（状態）に保つ
P9	school festival	学園祭
	look ～	～のように見える
	next to ～	～のとなりに
	I hear（that）～.	～だそうだ
	be good at ～ing	～することが得意だ
	be glad to ～	～してうれしい
	over ～	～以上
	make a speech	スピーチをする
	the number of ～	～の数
	keep ～ing	～し続ける
	go up	増加する
	go down	減少する
P11	Have you ever been to ～?	～に行ったことがありますか？
	May I help you?	お手伝いしましょうか？／いらっしゃいませ
	look for ～	～を探す
	What are you going to do?	何をするつもりですか？
	go fishing	釣りに行く
	May I speak to ～?	（電話で）～さんをお願いできますか？
P13	You have the wrong number.	番号が違っています
	I've just ＋過去分詞.	ちょうど～したところだ
	be famous for ～	～で有名である
	How long does it take to ～?	～するのにどれくらい時間がかかりますか？
	There is no ～.	～がない
P15	be ready	準備ができている
	tell ＋人＋ to ～	（人）に～するように言う
	Would you like some more?	もう少しいかが？
	How much ～?	～はいくらですか？

P17	Are you free?	(時間)が空いている？
	be out	外出している
	want ＋人＋ to ～	(人)に～してほしい
	Can I leave a message?	伝言をお願いてきますか？
	Could you ～?	～していただけませんか？
P19	What kind of ～?	どんな種類の～？
	be surprised to ～	～して驚く
	decide to ～	～することに決める／決心する
	from A to B	AからBまで
	international	国際的な
P21	be held	開催される
	on the second day	2日目に
	a long time ago	昔
	Shall we ～?	(一緒に)～しましょうか？
P23	What's up?	どうしたの？
	for a long time	長い間／ずっと
	the same time	同じ時間
	invite ～	～を招く／誘う
	how to ～	～する方法
P25	What happened?	何かあった？
	so…that ～	とても…なので～
	feel sorry for ～	～に申し訳なく思う
	tell ＋人＋ that ～	(人)に～と言う
	improve	上達する
	encourage ～	～を励ます
	since then	それ以来
	keep ～ in mind	～を心に留める
	look forward to ～ ing	～することを楽しみにする
	do one's best	ベストを尽くす
P27	ask ＋人＋ to ～	(人)に～するように頼む
	each other	お互いに
	That sounds good.	それはいいね
	a lot of ～	たくさんの～
	actually	実際に／実は
P29	environment	環境
	more than ～	～以上
	finish ～ ing	～し終える
	one of ～	～の1つ
	the textbook says (that) ～	教科書には～と書いてある
	protect A from B	BからAを守る
P31	as ～	～として
	my first time	(私にとって)初めてのこと
	be happy to ～	～してうれしい
	sang	sing「歌う」の過去形
	How many hours ～?	何時間～？
P33	say goodbye to ～	～にさよならを言う
P35	Welcome to ～.	～へようこそ
	show ＋人＋もの	(人)に(もの)を見せる
	a welcome party	歓迎会
	in front of ～	～の前で

聞き違いをしやすい表現
Easy to mistake

1 聞き違いをしやすい数

サーティーン　　　　　サーティ
thirteen「13」と thirty「30」

 アクセントの位置に着目

後　　　　　前
thirteen「13」と thirty「30」

フォーティーン　　　フォーティ
fourteen「14」と forty「40」

フィフティーン　　　　フィフティ
fifteen「15」と fifty「50」

シックスティーン　　　シックスティ
sixteen「16」と sixty「60」

セブンティーン　　　　　セブンティ
seventeen「17」と seventy「70」

エイティーン　　　　エイティ
eighteen「18」と eighty「80」

ナインティーン　　　　　ナインティ
nineteen「19」と ninety「90」

2 聞き違いをしやすい英語

キャン　　　　　　　キャン(ト)
can「できる」と can't「できない」

 次の単語との間に着目

間がない　　　　　間がある
can 〜　　　　can't 〜

ウォント　　　　　　　　ワントゥ
won't「しないつもり」と want to「したい」

フェアー　　　　　　フェン
where「どこ？」と when「いつ？」

3 同じ発音で違う意味の英語

ワン　　　　　　　　　ワン
won「勝った」と one「1」

 単語の位置や文の意味で判断

「アイ ワン ザ プライズ」だったら
→ I won the prize.
私は賞を勝ち取りました

レッド　　　　　レッド
red「赤」と read「読んだ」

「アイ チョゥズ ワン」だったら
→ I chose one.
私は1つを選びました

4 セットで読まれる英語

ゼァリズ
There is

 連語表現の発音に慣れよう

「ゼアー」と「イズ」を続けて読むと「ゼァリズ」
There 　　 is

ゲラップ	ピカップ	オプニット	シェイキット	トーカバウト	ハフトゥ
get up	pick up	open it	shake it	talk about	have to
ワノブ	ウォンチュー	ミーチュー	ディジュー	ミシュー	
one of	want you	meet you	Did you	miss you	

高校入試対策

英語リスニング練習問題

基本問題集

:≡ contents

※解答集は別冊です

はじめに

　グローバル化が急速に進展する中で，外国語によるコミュニケーション能力は，一部の業種や職種だけでなく，今後の生活の様々な場面で必要になってきます。

　学習指導要領では，小・中・高等学校での一貫した外国語教育を通して，外国語による「聞くこと」，「読むこと」，「話すこと」，「書くこと」の4つの技能を習得し，簡単な情報や考えなどを理解したり伝えあったりするコミュニケーション能力を身につけることを目標としています。

　これを受けて，高校入試の英語リスニング問題は，公立高校をはじめ私立高校においても，問題数の増加や配点の上昇が顕著になってきています。

　本書は，全国の高校入試の英語リスニングでよく出題されるパターンを，7つの章に分類し，徹底的に練習できるようになっています。リスニングの出題形式に慣れるとともに，解き方，答え合わせや復習のしかたがよく分かるようになるので，限られた時間の中で効率よく学習ができます。

　高校入試の英語リスニング問題は，基礎的な単語や文法が中心で，長文読解問題に比べればそれほど複雑な内容ではありません。聴き取れれば解ける問題ばかりです。

　本書で，やさしい問題から入試レベルの問題までを繰り返し練習し，入試本番の得点力を身につけてください。

この問題集の特長と使い方

1．準備をする！

　高校入試では一斉リスニングの場合がほとんどです。できればイヤホン（ヘッドホン）を使わずに，CDプレイヤーやスピーカーを準備しよう。

　問題は，章ごとに「基本問題」と「練習問題」があります。「基本問題」に取りかかる前に，「👆ポイント」を読んでおこう。😊ヒント や 📝メモ，⚠️ミスに注意 にも，あらかじめ目を通しておこう。

2．問題に取り組む！

　準備ができたら，集中して音声を聴こう。間違えてもいいので必ず答えを書くことを心がけよう。

3．解答だけを確認する！

　ひとつの問題を解き終えたら，解答集ですぐに答え合わせをしよう。このとき，まだ放送文や日本語訳は見ないでおこう。解答だけを確認したら，もう一度音声を聴こう。正解した問題は聴き取れたところを，間違えてしまった問題は聴き取れなかったところを，意識しながら聴いてみよう。

4．放送文を確認する！

　今度は，解答集の放送文（英文）を目で追いながら音声を聴いてみよう。このとき，キーワードやキーセンテンス（カギとなる重要な文）を確実に聴き取れるまで何度も繰り返し聴いてみよう。途中で分からなくなったら最初から聴き直そう。

5．覚えたい表現やアドバイスを確認する！

　　解答集では，英語リスニング問題でよく出る「覚えたい表現」や，同じパターンの問題を解くときのコツなどをアドバイスしています。よく読んでおこう。

6．日本語訳を確認する！

　　解答集は，放送文と日本語訳が見開きのページに載っているので，照らし合わせながら確認しよう。内容を正しく理解できているか，会話表現の独特な言い回しをきちんと把握できているかを確認しよう。知らなかった単語や表現はここでしっかりと覚えておこう。

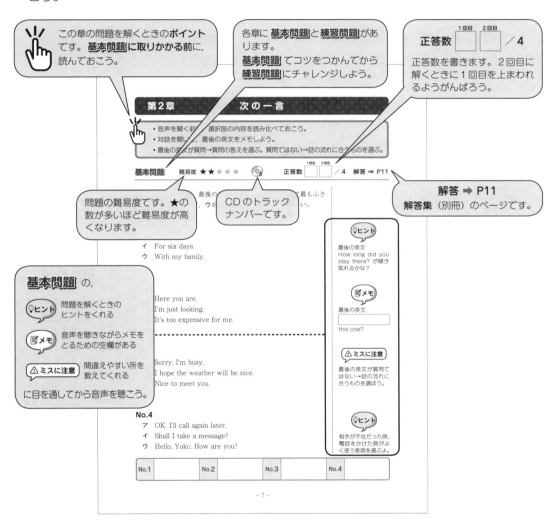

この章の問題を解くときの**ポイント**です。**基本問題**に取りかかる前に，読んでおこう。

各章に**基本問題**と**練習問題**があります。
基本問題でコツをつかんでから**練習問題**にチャレンジしよう。

正答数を書きます。2回目に解くときに1回目を上まわれるようがんばろう。

問題の難易度です。★の数が多いほど難易度が高くなります。

CDのトラックナンバーです。

解答 ➡ P11
解答集（別冊）のページです。

基本問題 の，
ヒント 問題を解くときのヒントをくれる
メモ 音声を聴きながらメモをとるための空欄がある
ミスに注意 間違えやすい所を教えてくれる
に目を通してから音声を聴こう。

第2章　　　　　　次の一言

・音声を聞く前に，選択肢の内容を読み比べておこう。
・対話を聞いて，最後の英文をメモしよう。
・最後の英文が質問→質問の答えを選ぶ。質問ではない→話の流れに合うものを選ぶ。

基本問題　難易度 ★★ ★ ★ ★　　⑤　　正答数 □ □ ／4　解答 ➡ P11

ヒント
最後の英文
How long did you
stay there? が聞き
取れるかな？

メモ
最後の英文
this one?

ミスに注意
最後の英文が質問ではない→話の流れに合うものを選ぼう。

ヒント
相手が不在だった時，電話をかけた側がよく使う表現を選ぶよ。

イ　For six days.
ウ　With my family.

Here you are.
I'm just looking.
It's too expensive for me.

Sorry, I'm busy.
I hope the weather will be nice.
Nice to meet you.

No.4
ア　OK. I'll call again later.
イ　Shall I take a message?
ウ　Hello, Yoko. How are you?

No.1		No.2		No.3		No.4	

－ 7 －

音声の聴き方

　　CDで音声を聴くことができます。CD以外でも，教英出版ウェブサイトでID番号を入力して音声を聴くことができます。ID番号を入力して音声を聴く方法は，都道府県版（別冊）の1ページをご覧ください。

第1章　　　　絵・グラフ

- 音声を聞く前に選択肢の絵やグラフを見比べておこう。
- 絵やグラフを見比べたら，どんな英文が流れるか予想してみよう。
- 音声を聞きながら，答えに関係しそうな内容をメモしよう。

基本問題A　難易度 ★ ★ ★ ★ ★　　正答数　| 1回目 | 2回目 | ／3　解答 ➡ P 3

次の対話を聞いて，そのあとの質問に対する答えとして最もふさわしい絵を，**ア，イ，ウ，エ**から1つ選び，記号を書きなさい。

No.1

ア　　　　　イ　　　　　ウ　　　　　エ

> 💡**ヒント**
>
> 職業を選ぶ問題かな？

No.2

ア　　　　　イ　　　　　ウ　　　　　エ

> 💡**ヒント**
>
> 「ヘルメットをかぶって自転車で公園に行き，野球をする」といった話かな？

No.3

ア　　　　　イ　　　　　ウ　　　　　エ

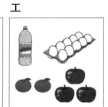

> 📝**メモ**
>
> 卵
>
> みかん　□ 個
>
> りんご　□ 個
>
> ジュース

No.1		No.2		No.3	

－ 3 －

次の英文や対話を聞いて，そのあとの質問に対する答えとして最もふさわしい絵を，**ア，イ，ウ，エ**から1つ選び，記号を書きなさい。

No.1

ア	イ	ウ	エ
	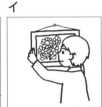		

💡ヒント
腕時計＝watch
掛け時計／置き時計
＝clock

No.2

ア	イ	ウ	エ

💡ヒント
天気：雨／雪
移動手段：
徒歩／自転車
どっちかな？

No.3

ア	イ	ウ	エ
			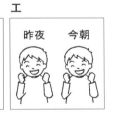

📝メモ
昨夜 ▢。
今朝 ▢。

No.4

ア	イ	ウ	エ

⚠️ミスに注意
AMは午前，PMは午後だね。寝た時刻？起きた時刻？

No.1	No.2	No.3	No.4

次の対話を聞いて，そのあとの質問に対する答えとして最もふさわしい絵やグラフを，ア，イ，ウ，エから1つ選び，記号を書きなさい。

No.1

ア　　　　イ　　　　ウ　　　　エ

No.2

ア　　　　イ　　　　ウ　　　　エ

No.3

ア　　　　イ　　　　ウ　　　　エ

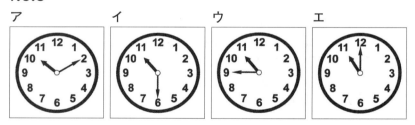

No.4　「球技大会で何をやりたいか？」～クラス別　アンケート結果～

ア　　　　イ　　　　ウ　　　　エ

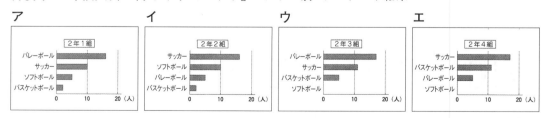

No.1		No.2		No.3		No.4	

次の対話や英文を聞いて，そのあとの質問に対する答えとして最もふさわしい絵やグラフを，**ア，イ，ウ，エ**から1つ選び，記号を書きなさい。

No.1

ア　イ　ウ　エ

No.2

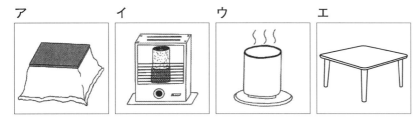

ア　イ　ウ　エ

No.3

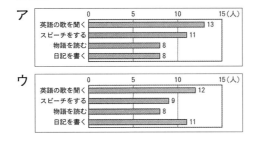

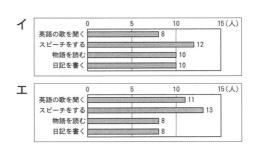

No.4

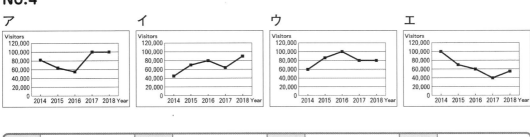

ア　イ　ウ　エ

No.1		No.2		No.3		No.4	

- 音声を聞く前に，選択肢の内容を読み比べておこう。
- 対話を聞いて，最後の英文をメモしよう。
- 最後の英文が質問→質問の答えを選ぶ。質問ではない→話の流れに合うものを選ぶ。

基本問題　難易度 ★★★★★　　　正答数 [1回目] [2回目] ／ 4　解答 ➡ P11

次の対話を聞いて，最後の英文に対する受け答えとして最もふさわしいものを，**ア，イ，ウ**から1つ選び，記号を書きなさい。

No.1
ア　By plane.
イ　For six days.
ウ　With my family.

ヒント

最後の英文
How long did you stay there? が聞き取れるかな？

No.2
ア　Here you are.
イ　I'm just looking.
ウ　It's too expensive for me.

メモ

最後の英文

[　　　　　　]

this one?

No.3
ア　Sorry, I'm busy.
イ　I hope the weather will be nice.
ウ　Nice to meet you.

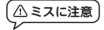

ミスに注意

最後の英文が質問ではない→話の流れに合うものを選ぼう。

No.4
ア　OK. I'll call again later.
イ　Shall I take a message?
ウ　Hello, Yoko. How are you?

ヒント

相手が不在だった時，電話をかけた側がよく使う表現を選ぶよ。

No.1		No.2		No.3		No.4	

次の対話を聞いて，最後の英文に対する受け答えとして最もふさわしいものを，ア，イ，ウ，エから1つ選び，記号を書きなさい。

No.1
ア　I don't know your phone number.
イ　I see. Do you want to leave a message?
ウ　Can you ask him to call me?
エ　I'm so sorry.

No.2
ア　Sorry. I haven't washed the tomatoes yet.
イ　I don't think so. Please help me.
ウ　Thanks. Please cut these carrots.
エ　All right. I can't help you.

No.3
ア　Ten o'clock in the morning.
イ　Only a few minutes.
ウ　Four days a week.
エ　Every Saturday.

No.4
ア　Sure. I'll do it now.
イ　No. I've never sent him a letter.
ウ　Yes. You found my name on it.
エ　Of course. I finished my homework.

No.1		No.2		No.3		No.4	

- 音声を聞く前に，選択肢の内容を読み比べておこう。
- 対話を聞いて，人物の名前や行動などをメモしよう。
- 質問を聞いて，誰の何についての質問かメモしよう。

基本問題　難易度 ★★★★★　　　正答数 [1回目][2回目] ／3　解答 ➡ P15

　次の対話や英文を聞いて，そのあとの質問に対する答えとして最もふさわしいものを，**ア，イ，ウ，エ**から1つ選び，記号を書きなさい。

No.1

ア　She is going to do Mike's homework with her husband.

イ　She is going to cook dinner in the dining room.

ウ　She is going to go to the dining room with Mike.

エ　She is going to eat dinner with her husband and Mike.

マイク：[　　]が終わった。おなかが[　　]。[　　]を呼びに行く。

母親：[　　]の準備ができた。

No.2

ア　Yes, please. I want more.

イ　Help yourself, Lisa.

ウ　I'm sorry. I can't cook well.

エ　Of course. You can take it.

対話の最後のリサの勧めに対する答えを選ぶよ。

No.3

ア　They are in the nurse's office.

イ　They are in the library.

ウ　They are at a stationery shop.

エ　They are at a birthday party.

選択肢のThey areは共通だね。場所を選ぶ問題だよ。

No.1		No.2		No.3	

次の対話を聞いて，そのあとの質問に対する答えとして最もふさわしいものを，ア，イ，ウ，エから1つ選び，記号を書きなさい。

No.1

　ア　This Saturday.
　イ　This Sunday.
　ウ　Tomorrow.
　エ　Next Monday.

No.2

　ア　To do Tom's homework.
　イ　To bring Eita's math notebook.
　ウ　To call Tom later.
　エ　To leave a message.

No.3

　ア　Because Mike said some museums in his country had *ukiyoe*.
　イ　Because Mike learned about *ukiyoe* last weekend.
　ウ　Because Mike went to the city art museum in Japan last weekend.
　エ　Because Mike didn't see *ukiyoe* in his country.

No.4

　ア　It took about 25 minutes from Toyama to Kanazawa.
　イ　Hiroshi walked from Kanazawa Station to Kenroku-en.
　ウ　Hiroshi went to many countries during his holiday.
　エ　Hiroshi took a bus in Kanazawa.

No.1		No.2		No.3		No.4	

- 音声を聞く前に空欄を見て，聞き取る内容をしぼろう。
- fifteen「15」とfifty「50」などを聞き分けるために，数はアクセントに注意しよう。
- Tuesday「火曜日」とThursday「木曜日」の違いなど，曜日を正しく聞き取ろう。

基本問題　難易度 ★★★★★　◎9　　正答数 □ □ ／6　解答 ➡ P21

1回目　2回目

No.1　デイビッドと教子の対話を聞いて，【教子のメモ】のア，イ，ウにあてはまる言葉を日本語または数字で書きなさい。

【教子のメモ】

> お祭りのダンスイベント
> ・（　ア　）曜日に行われる。
> ・集合時刻は午後（　イ　）。
> ・集合場所は音楽ホール。
> ・Tシャツの色は（　ウ　）色。

📝メモ

お祭り：
□曜日〜□曜日
ダンスイベント：
□日目

開始時刻：午後□時

集合時刻：□分前

Tシャツの色：□色

No.2　ケイトと英太の対話を聞いて，【英太のメモ】のア，イ，ウにあてはまる言葉を日本語または数字で書きなさい。

【英太のメモ】

> ・古い建物は（　ア　）である。
> ・約（　イ　）年前に建てられ，学校として使われていた。
> ・昔の人々がどのように（　ウ　）していたかを見ることができる。

⚠️ミスに注意

アクセントに注意して数を聞き取ろう。

No.1	ア		イ		ウ	
No.2	ア		イ		ウ	

No.1　マイクとリサの対話を聞いて，対話のあとに【リサがナンシーの留守番電話に残したメッセージ】の**ア**，**イ**にあてはまる言葉を英語または数字で書きなさい。

【リサがナンシーの留守番電話に残したメッセージ】

Hi, Nancy.　This is Lisa.

Mike's brother is going to stay in Fukuoka for three weeks.

So Mike and I have decided to take him to a ramen shop next（　**ア**　）.

They will come to my house at（　**イ**　）, and we will walk to the shop.

If you want to join us, please tell me.

No.2　ジェームスとアヤの対話を聞いて，対話のあとに【アヤがジェームスに送ったメール】の**ア**，**イ**にあてはまる言葉を英語で書きなさい。

【アヤがジェームスに送ったメール】

Hi, James.

I enjoyed the concert today.

I am happy because I can（　**ア**　）how to play the violin from you.

I will see you at your house on（　**イ**　）.

No.1	ア		イ	
No.2	ア		イ	

第5章　対話と質問（複数）

- 音声を聞く前に，問題文をよく読み，登場人物の名前や立場を把握しよう。
- 音声を聞く前に，選択肢（と質問）から聞き取る内容をしぼろう。
- 音声を聞きながら，「誰が何をした」に関する内容をメモしよう。

基本問題　難易度 ★★★☆☆　　正答数 [1回目] [2回目] ／ 4　解答 ➡ P25

ALTのブラウン先生とケンジの対話を聞いて，次の質問に対する答えとして最もふさわしいものを，**ア，イ，ウ**から1つ選び，記号を書きなさい。

No.1　What happened to Kenji's basketball team last week?
　ア　His team won the game.
　イ　His team lost the game.
　ウ　His team became stronger by practicing hard.

No.2　How does Kenji feel when he makes mistakes in the basketball game?
　ア　He always feels sorry for his friends in his team.
　イ　He doesn't understand how he feels.
　ウ　He is encouraged by making mistakes.

No.3　When will Kenji have his next game?
　ア　He will have it in December.
　イ　He will have it in November.
　ウ　He will have it in October.

No.4　Which is true?
　ア　Kenji learned that he could improve his basketball skills by making mistakes.
　イ　Kenji was encouraged by his friend's words and smile.
　ウ　Kenji has played basketball for ten years in America.

📝メモ
- 先週の試合でケンジのチームは［　　］た。
- ブラウン先生は［　　　］で［　　］年間バスケットボールをしていた。
- ケンジはミスをすると［　　　］に［　　　］と思う。
- ブラウン先生はミスをすると［　　　］に［　　　］いた。
- しかし，ブラウン先生の友達がまた［　　　］すればいいと言った。その［　　］と［　　　］に励まされた。
- ケンジはブラウン先生からとても［　　　］なことを学んだ。今ではミスをすることで［　　　］の技術が［　　］すると信じている。
- ケンジの次の［　　　］は［　　］月にある。
- ブラウン先生は［　　　］を楽しみにしている。
- ケンジは［　　　］つもりだ。

No.1		No.2		No.3		No.4	

- 13 -

ダイキとキャシーの春休みの予定についての対話を聞いて，そのあとの質問に対する答えとして最もふさわしいものを，**ア，イ，ウ，エ**から1つ選び，記号を書きなさい。

No.1

ア　He lived in Tokyo.

イ　He lived in Sydney.

ウ　He lived in Osaka.

エ　He lived in America.

No.2

ア　Cathy will.

イ　Sam will.

ウ　Sam's parents will.

エ　Kate will.

No.3

ア　Yes, she does.

イ　No, she doesn't.

ウ　Yes, she has.

エ　No, she hasn't.

No.4

ア　She likes to send e-mails.

イ　She likes to go shopping.

ウ　She likes to go to the zoo.

エ　She likes to take pictures.

No.1		No.2		No.3		No.4	

第6章　　　英文と質問（複数）

- 音声を聞く前に，問題文をよく読み，話をする人の名前や立場を把握しよう。
- 音声を聞く前に，選択肢（と質問）から聞き取る内容をしぼろう。
- 音声を聞きながら，キーワードをメモしよう。

基本問題　難易度 ★★★☆☆　⊙13　正答数　1回目□ 2回目□　／3　解答 ➡ P29

ALTのグリーン先生が夏休みの宿題について話をします。それを聞いて，次の質問に対する答えとして最もふさわしいものを，**ア**，**イ**，**ウ**，**エ**から1つ選び，記号を書きなさい。

No.1　生徒たちには，どのような宿題が出されましたか。
- **ア**　A report about one of the problems written in the textbook.
- **イ**　A report about what the students did during summer vacation.
- **ウ**　A report about how to use the city library.
- **エ**　A report about people around the world.

No.2　教科書には，何をしなければならないと書いてありましたか。
- **ア**　To read books in the city library for the report.
- **イ**　To finish writing a report about the problems in our environment.
- **ウ**　To learn about how the Internet can help the students.
- **エ**　To keep thinking about protecting our environment.

No.3　生徒たちは，いつ先生に宿題を提出しなければなりませんか。
- **ア**　After the next class.
- **イ**　At the end of summer vacation.
- **ウ**　At the first class after summer vacation.
- **エ**　At the last class of this year.

📝メモ

- ・□□前の□□。明日から□日間の休みに入る。
- ・□□問題についてのレポートを書く。英単語を□語以上使う。
- ・□□について ての□□を読み終えた。
- ・□□の中で□□がある問題を選ぶ。
- ・□□には□□の誰もが環境を□□について考え続けなければならないと書いてある。
- ・詳しく知りたい人は□□や□□の本を利用する。
- ・□□でレポートを提出する。

No.1		No.2		No.3	

　教子が祖母の誕生日パーティーについて話をします。それを聞いて，そのあとの質問に対する答えとして最もふさわしいものを，**ア，イ，ウ，エ**から1つ選び，記号を書きなさい。

No.1
ア　Kyoko's grandmother did.
イ　Kyoko's mother did.
ウ　Kyoko's father did.
エ　Kyoko did.

No.2
ア　Because Kyoko makes a birthday cake every year.
イ　Because Kyoko couldn't buy a cake at the cake shop.
ウ　Because Kyoko's grandmother asked her to make a cake.
エ　Because Kyoko's grandmother made a bag for her.

No.3
ア　Nine hours.
イ　Six hours.
ウ　Four hours.
エ　One hour.

No.4
ア　She enjoyed a special lunch with her grandmother.
イ　She sang a birthday song for her grandmother with her parents.
ウ　She said to her grandmother, "Thank you."
エ　She showed the bag to her grandmother.

No.1		No.2		No.3		No.4	

第7章　　　　作　文

- 音声を聞く前に，登場人物と作文の条件を確認しよう。
- 本文→質問の順で放送されることが多い。質問は確実に聞き取ろう。
- 自信のない表現は避け，自分が正しく書ける表現を使って英文を作ろう。

基本問題　　難易度 ★★★★★　15　　正答数 [1回目][2回目] ／2　解答 ➡ P33

No.1　ジョンと教子の対話を聞いて，教子の最後の問いかけに対する答えを，ジョンに代わって英文で書きなさい。

ヒント

転校していくクラスメートにしてあげられることを書こう。
We can ～「(僕らは)～できる」の書き出しではじめよう。

No.2　ALTのデイビッド先生の話を聞いて，先生の指示に対するあなたの答えを２文以上の英文で書きなさい。

ヒント

２文以上で書くよ。質問で２つのことを聞かれるから，それぞれ１文ずつ書こう。
１文目は主語＋can ～「～できる」の形で書くといいね。
２文目の理由は
It's because ～ .
「それは～だからだ」を使おう。

No.1	
No.2	

カナダの高校に留学にきた日本の生徒たちに向けてルーシーが学校の案内をします。その説明を聞いて，次の各問いに答えなさい。

　　No.1では，そのあとの質問に対する答えとして最もふさわしいものを，**ア，イ，ウ，エ**から1つ選び，記号を書きなさい。

　　No.2 では，質問に対する答えをルーシーが説明した内容に合うように英文で書きなさい。

　　No.3 では，質問に対するあなたの答えを英文で書きなさい。

No.1
　ア　In the gym.
　イ　In the library.
　ウ　In the lunch room.
　エ　In front of their school.

No.2 （質問に対する答えを英文で書く）

No.3 （質問に対する答えを英文で書く）

No.1	
No.2	
No.3	

CDトラックナンバー 一覧

🔊 音声の聴き方

CDで音声を聴くことができます。CD以外でも，教英出版ウェブサイトでID番号を入力して音声を聴くことができます。ID番号を入力して音声を聴く方法は，都道府県版（別冊）の1ページをご覧ください。